普通高等教育艺术设计类专业『十二五』规划教材

周文娟 潘琼/编著

广告媒体策划与设计

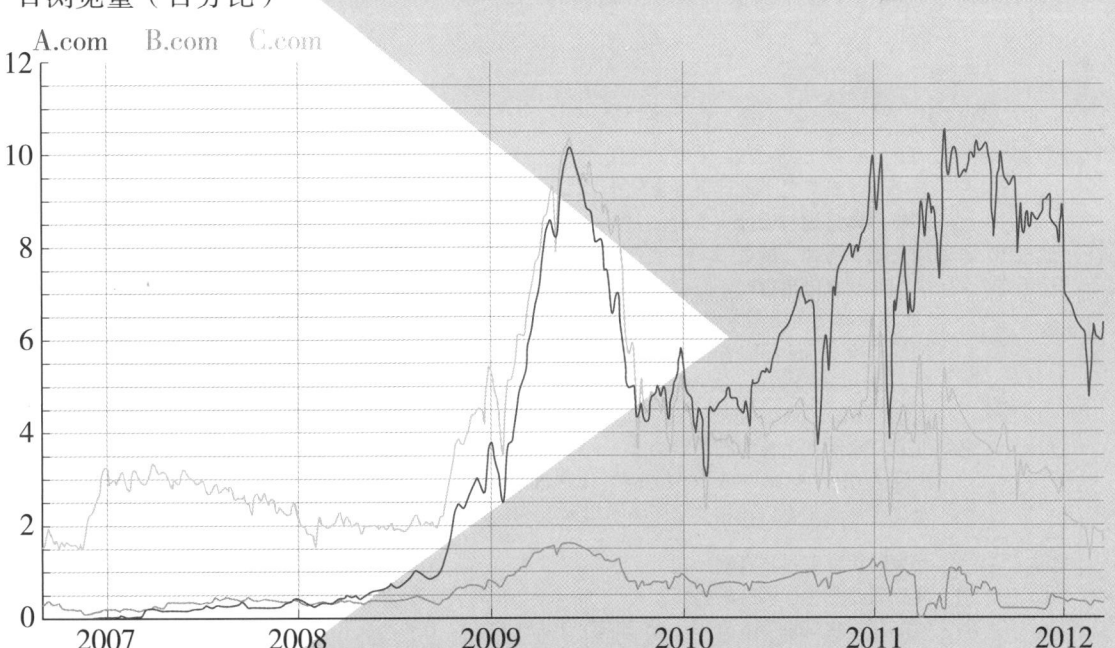

内 容 提 要

本教材从媒体角度切入分析广告创意设计，从战略战术的策划维度和广告设计的方法维度，分别阐述广告媒体的策划与设计。教材内容共分为10章，详细介绍了广告媒体发展进程、广告媒体策划的内容和程序、广告媒体评估、广告媒体策划的前置作业、广告媒体策略以及广告预算与媒体效果检视；深入分析了不同媒体上广告创意的运用和设计的要点，具体内容为：广告媒体与广告设计、传统印刷广告媒体设计、传统电波媒体广告设计、网络媒体广告设计和地点媒体广告设计。

随书附赠国际广告创意作品欣赏视频光盘。

本教材可作为高等院校视觉传达、广告、媒体等相关专业的教材，也可作为广告领域、营销领域、设计领域等从业人员的参考读物或培训教材。

图书在版编目（CIP）数据

广告媒体策划与设计 / 周文娟，潘琼编著. -- 北京：中国水利水电出版社，2013.3（2018.8重印）
普通高等教育艺术设计类专业"十二五"规划教材
ISBN 978-7-5170-0421-9

Ⅰ. ①广… Ⅱ. ①周… ②潘… Ⅲ. ①广告－传播媒介－策划－高等学校－教材②广告－传播媒介－设计－高等学校－教材 Ⅳ. ①F713.8

中国版本图书馆CIP数据核字（2013）第042003号

书　　名	普通高等教育艺术设计类专业"十二五"规划教材 **广告媒体策划与设计**
作　　者	周文娟　潘琼　编著
出版发行	中国水利水电出版社 （北京市海淀区玉渊潭南路1号D座　100038） 网址：www.waterpub.com.cn E-mail：sales@waterpub.com.cn 电话：（010）68367658（营销中心）
经　　售	北京科水图书销售中心（零售） 电话：（010）88383994、63202643、68545874 全国各地新华书店和相关出版物销售网点
排　　版	北京时代澄宇科技有限公司
印　　刷	北京印匠彩色印刷有限公司
规　　格	210mm×285mm　16开本　8.5印张　196千字
版　　次	2013年3月第1版　2018年8月第3次印刷
印　　数	6001—8000册
定　　价	35.00元（附光盘1张）

凡购买我社图书，如有缺页、倒页、脱页的，本社营销中心负责调换

版权所有·侵权必究

前　　言

在竞争激烈的市场中，新的媒体不断出现，新旧媒体的格局随之改变，广告的运作方式、生态环境日渐复杂化。对广告的策划人员和设计人员来说，必须经历一次次的知识更新。近年来在广告业兴起的新部门——媒体策划（或媒体购买、媒体投放），正是广告业界应对如此复杂的媒体环境和市场残酷竞争的产物。

目前广告媒体经营已从研究媒体受众转向媒体后面的消费者，那么对于广告主、广告公司来说，对于目标消费者更需要重视。所以在广告媒体策划中，本书始终把握目标消费者这个中心。根据目标消费者的行为和心理特点，进行市场的前置作业、广告媒体目标、广告媒体的策略和执行、效果评估工作。

只有消费者与承载广告的广告媒体接触才能获得广告效果，但是不同媒体带给人的感觉、媒体表现形式、媒体影响范围、媒体传播内容、媒体与广告主的关系、媒体出现的先后、媒介载体的属性、传播手段等都不相同，可以说同样的广告在不同的媒体上所获得的广告效果肯定会有差异，所以在广告设计上，结合媒体特性是非常必要的。广告设计的从业人员不仅需要有设计广告的知识和技能，更要对广告策划、媒体策划、广告媒体的特性及其对广告表现所产生的影响有深刻理解。一个成功的广告不仅应具有美感和表现力，而且要尽可能获得更好的实际广告效果，完成广告目标。

广告业的专业人才水平的提高有赖于广告高等院校的教育普及和加深，广告教育的内容必须来源于广告业的发展，所以广告的高校教育和广告业的发展是相辅相成的。不同媒体的广告设计课程是高校开设的热门课程之一，但是从媒体角度切入来分析广告创意设计的教材还较少。本书着眼于业界的发展情况与高校对于广告设计课程的设定之间的差异，将广告媒体加入到广告设计必备的基础知识之中。本书兼具理论深度和具操作化的指导意义，分为策划部分和设计部分。1～5章为策划部分，阐述广告媒体策划的程序和方法；6～10章为设计部分，介绍怎样结合媒体的类别和特性设计广告。广告媒体策划的内容涉及市场营销学、消费者行为学、广告学、传播学等学科背景，广告设计则汇集平面广告（报纸、杂志、直邮广告、宣传册等）、影视广告、网络广告以及其他新媒体（线下视频广告、植入式广告、播客与沃客、交互式媒体）广告的设计原则、方法和案例。另外，本书针对的专业非常广泛，高等院校的艺术类、新闻传播类、市场营销等相关专业均可使用。

本书由周文娟、潘琼编著。

由于作者水平有限，书中不妥之处难免，敬请专家同行和广大读者批评指正。

编者

2012年11月

目录

前言

第1章　导论/1

1.1 广告媒体发展进程 …………………………………… 2
1.2 广告媒体的类别和特性 ………………………………… 4
1.3 广告媒体与消费者 ……………………………………… 5
1.4 广告媒体策划的内容和程序 …………………………… 7

第2章　广告媒体评估/9

2.1 广告媒体的质性评估 …………………………………… 10
2.2 广告媒体的量性评估 …………………………………… 13
2.3 广告媒体载具的投资效率评估 ………………………… 19

第3章　广告媒体策划的前置作业/21

3.1 营销环境分析 …………………………………………… 22
3.2 消费者分析 ……………………………………………… 24
3.3 媒体环境分析 …………………………………………… 28
3.4 竞争品牌媒体分析 ……………………………………… 31

第4章　广告媒体策略/33

4.1 广告媒体策划的目标 …………………………………… 34
4.2 确定目标消费者 ………………………………………… 34
4.3 广告媒体的选择与组合 ………………………………… 38
4.4 到达率与频次 …………………………………………… 43
4.5 媒体投放区域 …………………………………………… 46

4.6 媒体行程设定 …………………………………………………… 49
4.7 媒体排期 ………………………………………………………… 52

第5章 广告预算与媒体效果检视/55

5.1 广告预算的思考方式 …………………………………………… 56
5.2 广告媒体效果检视 ……………………………………………… 59

第6章 广告媒体与广告设计/63

6.1 以创意整合传播 ………………………………………………… 64
6.2 广告创意策略 …………………………………………………… 68
6.3 广告创意简报 …………………………………………………… 73
6.4 广告媒体与广告创意关系 ……………………………………… 74

第7章 传统印刷广告媒体设计/75

7.1 印刷广告媒体概述 ……………………………………………… 76
7.2 传统印刷广告媒体设计 ………………………………………… 82

第8章 传统电波媒体广告设计/89

8.1 传统电波广告媒体概述 ………………………………………… 90
8.2 传统电波媒体广告设计 ………………………………………… 95

第9章 网络媒体广告设计/101

9.1 网络媒体广告概述 ……………………………………………… 103
9.2 网络媒体广告设计 ……………………………………………… 110

第10章 地点媒体广告设计/113

10.1 地点媒体广告概述 ……………………………………………… 114
10.2 地点媒体广告设计 ……………………………………………… 121

参考文献/127

图片主要来源/128

第1章　导　论

广告通过媒体才能够传播，在广告媒体与消费者的接触中，获得广告效果。广告必须借助于广告媒体才能达成，广告活动本身是非人际传播。所以广告和广告媒体的关系是：广告媒体是广告作业的一部分。

广告媒介的定义非常多，以下3个定义都是获得广泛认同的：

● 广告媒介就是广告主在广告活动中借以向目标消费者传达广告信息的各种需要付费的传播工具。

● 凡能在广告主与广告对象之间起媒介或载体作用的物质都可以称为广告媒体。

● 广告媒体是指传播广告信息的物质，凡能在广告主与广告对象之间起媒介和载体作用的物质都可以称为广告媒体。

从这3个定义中可以看到两个关键词：工具、物质。简单地说，广告媒介具有工具属性，是物质的。所以广告媒体除了有传播广告信息的职能，它的传播手段还需要具有物质属性。比如说口口相传虽然也是可以传播广告信息，但是这种传播的手段并不通过物质，所以这种口头传播不属于广告媒体的传播活动。一般来说，广告媒体必须首先能够在一定范围内进行大众传播的媒体，比如说电视台、网站、路牌等。

1.1　广告媒体发展进程

对广告媒体的发展进程进行梳理有两种方法，一种是根据传播媒体的差异，另一种是根据历史时期。根据传播媒体的差异的方法是分别对每一种媒体的产生、发展做一个回顾：听觉媒体从口语、音响和音乐发展到电报、电话和广播；视觉媒体从基本的图像、文字发展到书籍、报纸和杂志；视听媒体从电影到电视；数字媒体从互联网到互动电视。除了在原始时期，传播媒体比较单一之外，其他时期同时存在多种媒体。在同一个时期，不同媒体之间是互相影响、互相转化的，经常呈现融合的趋势，所以本书以历史时期为划分标准进行介绍。

根据历史时期来划分可分为原始广告媒体时期、古代广告媒体时期、印刷广告媒体时期和数字广告媒体时期。但是考虑到广告的发展依托于经济和传播的发展水平，在蒸汽革命、电气革命之前的经济发展缓慢，而印刷广告出现之前的广告媒体从形态到内容并没有实质性的发展，所以更需要对近期的广告媒体发展进程进行细化。广告媒体的发展进程分为原始广告媒体时期、印刷广告媒体时期、电子广告媒体时期和新广告媒体时期。

1.1.1　原始广告媒体时期

原始广告媒体时期的广告媒体非常简陋，广告形式有口语和文字。口语广告包括叫卖广告和音响广告。叫卖广告主要是摊主的叫卖，音响广告是通过笛子、箫管等乐器吹奏来达到广告的目的。

文字广告的广告媒体包括借代物、象征物和手工物三大类型。借代物和象征物主要有刻木、音响器具、草标、谷穗、笊篱、柳条、草帚等。手工物广告媒体包括店铺广告媒体和行商使用的广告媒体两大类。其中，店铺广告媒体主要包括幌子、招牌、垆、彩楼、欢门、灯笼等。在造纸术出现之后，广告媒体的材料开始发生第一次质的飞跃。

在当时的经济环境下，人们的购买活动偏少，当时的商品品类非常少。农业一直是当时的主要经济命脉，大多数人都被绑在农业生产中，经商的人少就导致当时的市场规模非常小，在少数存在的品类下并没有品牌的概念，产品的差异化非常小。当时基本上处于卖方市场，所以并没有必要做广告，广告媒体的功能也只是告诉顾客我这里有什么东西卖，广告效果有限。所以当时的广告媒体承载的信息量非常小，留存时间短暂，传播的范围小。由于当时的科技水平落后，广告媒体的材料多是自用媒体，费用极其低廉。但是这些广告媒体对消费者来说具有比较小的强迫性，生活气息浓厚，信息简单明确，所以这个时期的消费者对广告的好感度比较高。

1.1.2　印刷广告媒体时期

印刷术的发明和广泛应用在技术上给予了广告媒体和大众传播巨大的发展机会，此后便出现了早期的报纸杂志、图书等印刷媒体。在印刷广告媒体时期，原始广告媒体时期的广告媒体，比如说叫卖、幌子等均未消失。印刷媒体作为主流媒体只是把一些广告媒体的材料进行革新，同时增加了新的广告媒体形式。

印刷媒体在信息传播上发挥了巨大的作用。在短时间内可以对各种信息进行无差异化的复制，使得广告能以批量发布，这扩大了广告媒体的覆盖范围；印刷媒体能够承载大量的广告内容，可以给消费者足量的信息，让广告的形式、创意和内容有了发展的平台；印刷术伴随读写能力的普及，技术的发展使得此时的报纸、杂志等制作费用低廉，广告让这些广告媒体更为廉价，报纸杂志从精英化走向大众化，广告信息传播的范围和容量有了空前的增强。

1.1.3　电子广告媒体时期

1906年圣诞夜，美国物理学家费森登在他的实验室里向一些在大西洋航行的船只发送了广播信号，船上的人们听到了《圣诞颂歌》、《舒缓曲》、《啊，神圣之夜》和圣诞快乐的圣经朗诵。由此，无线电广播诞生。

电子广告媒体时期的广告媒体主要是广播、电视和电影。新的媒体出现整合了旧的媒体内容，占据了印刷媒体大部分的市场份额，成为主流。电子媒体形成了人类体外化的声音信息系统和影像信息系统，使人类在文化传承上进入了新的时代。广告媒体可以用声画结合的方式来表现，增强了广告的表现力和感染力。但是由于电子媒体的线性观看方式，使其不太适用于理性诉求这种需要受众深度认知加工的广告。另外，电子媒体的传输运用光纤、电波来传播，传播速度可以达到音速甚至光速，带来了空间距离和速度上的突破。技术上的改变带来了传统广告媒体的运作观念的改变，导致新的广告观念和相关理论的产生。

1.1.4 新广告媒体时期

微电子技术和互联网技术是新广告媒体时期的主要推动力。互联网（包括移动互联网）凭借其交互性、兼容性、共享性、时效性、开放性、大容量、数字化、多媒体、个性化等诸多革命性特征受到全世界广告主的重视，并获得了迅速、巨大的发展。新的媒体以极大的包容性融合了传统媒体的内容，并且在精准性方面有了巨大提升。

互联网的互动性、共享性、个性化等特征，媒体信息对消费者来说已经变成了主动搜寻和接收的对象，消费者对这些广告信息有高度的注意力和切实的需求，引起了广告效果的大幅度提升。通过消费者的各种个性化的媒体信息需求以及互联网后台的巨大数据库，媒体直接将消费者进行细分，使媒体广告能有更加精准和高效的投放效果。从广告效果评估来看，互联网的巨大后台回答了广告主，投放的广告中究竟是哪些广告带来了销售额的增长？

但是新广告媒体时期广告的发展势头过于迅猛，相应的理论研究跟不上，比如关于其评价指标、测算等，就像还未开发的金矿，众多广告主仍对其观望不前。

1.2 广告媒体的类别和特性

在明确各广告媒体的特性之前必须要了解广告媒体的共性，建立广告媒体的宏观认识。广告媒体的共性归纳为以下4点：

（1）传播广泛。广告媒体的价值在于覆盖目标消费者，所以必须在传播范围和传播对象上具有广泛性。

（2）吸引力极强。广告媒体所传达的广告信息必须对目标消费者有诱惑力和吸引力，目标消费者才会对广告投有一定的注意力，广告效果才能实现，才能推动营销。

（3）服务性。广告媒体所传达的广告信息对目标消费者来说必须是有用的，必须是为目标消费者服务的。这要求广告媒体策划人必须站在媒体受众的立场去审视广告，明确哪种媒体的受众是需要广告信息的。

（4）适应性强。在不同的营销和传播目标下，广告需要传达或理性或感性的诉求，表现方式要求或叙述或渲染等，所以广告媒体作为广告载体需要有足够的适应性满足这些要求。

对广告媒体进行分类的目的在于，对各类广告媒体的特性有明确区分和深入了解，这是进行科学评价、选择和利用媒体的基础。媒体分类的方法非常多，有些媒体也具有双重和多重的身份。

按照人的感觉分类，广告媒体可分为视觉媒体、听觉媒体、视听两用媒体和嗅觉媒体。其中嗅觉媒体指的是各种香味广告媒体，比如说时尚杂志里的名牌香水广告。

按照媒体表现形式分类，广告媒体可分为印刷媒体、电讯媒体、事件媒体等。其中事件媒体指包括自然事件和人为策划的事件。

按照媒体的影响范围分类，可以分为国际性广告媒体、全国性广告媒体、地方性广告媒体。

按照媒体受众的不同类型分类，可分为大众化媒体和专业性媒体。

按照媒体传播信息的有效期分类，广告媒体可以分为瞬间性媒体、短期性媒体和长期性媒体。

按照媒体的统计程度分类，广告媒体可以分为计量媒体和非计量媒体。统计程度指媒体广告发布数量和收费标准在统计上的难易程度，计量媒体是指统计上比较容易的媒体，比如说报纸、杂志、广播、电视；非计量媒体指统计上难度比较高的媒体，比如橱窗、戏剧及其他表演。

按照媒体传播内容分类，可以分为综合性媒体和单一性媒体。综合性媒体能够同时传播多种广告信息内容，而单一性媒体只能传播某一种或某一方面的广告信息内容。

按照媒体与广告主的关系分类，可以分为间接媒体（即租用媒体）和专用媒体（即自用媒体）。

按照媒体出现的先后分类，广告媒体可以分为传统媒体和新媒体。

在传媒业和广告业界，最常用的分类方法是按照媒介载体的属性和传播手段进行分类，可分为印刷广告媒体、电子广告媒体、户外广告媒体、直邮广告媒体、数字广告媒体和其他广告媒体。

以印刷传媒作为广告媒体的，叫做印刷广告媒体，比如报纸、杂志、画册、宣传册等。印刷广告媒体主要以文字和图片来表现，一些特殊的品类（比如香水）还会通过香味来表现。受众对这类媒体的阅读方式是呈非线性的，因此印刷媒体对于受众的强迫性很低，可以呈现较为复杂的广告信息。

以电子传媒作为广告媒体的，叫做电子广告媒体，比如广播、电视、电影、电子显示大屏幕等。这类广告媒体呈现线性的传播方式，对受众的强迫性偏高。只有在受众聚精会神观看之后，才能得到完整的广告信息。但是在实际生活中，除非有切实的紧急需求，受众不太能给予高度注意力。这类广告媒体对于信息的承载能力有限，所以不能表现过于复杂的内容。

暴露在开放的户外空间中的各类广告媒介就是户外广告媒体，比如各种公路广告牌、高层建筑设置的广告牌、气球和交通车身上的广告等形式。户外广告媒体一般是在受众的生活路径的环境中存在，一般给予的注意力也偏小，因此户外广告一般设计简单、醒目。

直接投放或邮寄的广告媒体称直邮广告媒体，比如直邮杂志、销售传单、明信片、订购单、商品目录等。直邮广告媒体一般是印刷品，此类媒体针对性非常强。但是直邮媒体广告必须拥有比较全面的消费者信息，否则很容易造成浪费。

使用数字媒体开发的广告媒体叫做数字广告媒体，如数字电视媒体、数字广播媒体等。这种媒体具有很强的互动性和精准性，是互动广告媒体的主要形式。目前，广告主经常利用数字广告媒体举行各种线上的互动营销活动。

还有其他广告媒体，如各种展销会和展示广告，如陈列、橱窗、门面广告、售点POP广告、立式广告等，以及以人体为载体的各种广告等。

1.3　广告媒体与消费者

消费者的购买行为是一个非常复杂的过程，首先需要通过各种高度抽象化的模型来建立框架。

1898年美国广告学家E.S.刘易斯提出的AIDMA模型是广告界比较成熟的模型之一，认为消费者从接触信息到产生购买行为必须经过引起注意（Attention）、引起兴趣

（Interest）、激发欲望（Desire）、留下记忆（Memory）和产生购买行为这5个过程。这个模型主要从消费者的心理认知层面来概括消费者购买行为的过程，涉及广告的商业效果和认知效果。直到现在，大量的广告受众的心理研究都会利用这个认知模型。

勒韦兹的模式（简称L&S模式）也得到了广泛认可，常常被广告学者所引用，并且也成为许多广告主的广告目标。他认为消费者对广告的反应从认知反应、情感反应再到意向反应。认知反应包括知晓和了解，即消费者发觉到产品的存在，然后对产品性能、效用和品质等方面特点的认识。情感反应包括喜欢和偏好，即消费者对产品的良好态度，然后把这种态度扩大到品牌的其他方面。意向反应包括信服和购买，即产生购买行为，并且认为这种行为是明智的。但是在消费者实际的购买行为中，很可能跳过其中某一个或者某几个过程。

美国的科利提出"为度量结果而确定广告目标"的方法（Defining Advertising Goals for Measured Advertising Results），也称DAGMAR模式（达格玛模式）、科利法。这种模式认为产生购买行为必须经过不知名、知名、理解、信服这4个过程，然后才会产生购买行为，这种模式强调传播而不是终端销售的变化。

模型被高度抽象出来概括消费者购买行为产生的过程，消费者在实际购买行为中会受到多种因素的影响。购买行为的模型并不存在于真空中，这一过程中会受到各种"噪音"的影响。这种"噪音"来自消费者自身及外部环境。广告存在的目的就是在购买行为形成的过程中尽量避免"噪音"干扰，让产生购买行为的过程顺利进行。

购买行为产生的过程中，消费者需要对产品产生记忆和对产品品类产生需求，并且对产品产生偏好和信服。也就是说，消费者会经过一个学习和记忆的过程，广告媒体在此过程中需要定时覆盖，并且通过覆盖促进消费者的学习和记忆。

另外，消费者的需求、偏好也会受到内部和外部环境影响。内部环境即消费者自身的价值观、性别、年龄、个性、生活方式以及所属的文化和亚文化影响；外部环境即自然环境、经济环境、市场的竞争环境等。所以广告媒体进行覆盖之前要深刻分析消费者的心理和行为，了解消费者的内部环境，找准有可能对品牌产生需求和购买行为的目标消费者，对他们进行定时覆盖；研究目标消费者所处的外部环境，了解影响其购买过程的因素，在覆盖过程中尽量避免外部环境对广告的消减作用。

广告媒体与消费者的关系主要体现在广告媒体对消费者行为的引导上。实际上，广告媒体存在的价值在于覆盖目标消费者，并且能够改变或者引导他们的行为和态度。具体来说体现在以下3个方面：

（1）广告媒体起引导消费者对具体、个别商品的消费。在消费者的生活中有两种环境：自然环境和媒体环境。消费者通过与环境的各种互动来形成自我意识和认同，所以媒体所塑造的价值观对消费者同样具有强大的影响力。特别在媒介环境中，个体与个体之间的紧密联系已经被大众媒体所取代。个体消费行为必定受到广告媒体的消费价值观所影响，对于商品的选择和消费在很大程度上依赖广告媒体。

（2）广告媒体影响消费者生活方式的消费。消费行为之间并不是孤立的，而是体现出互相之间的关联性，因为消费者的消费行为受到其所属的社会和文化阶层的消费观念和个性化的消费需求所影响。广告媒体通过给这群消费者进行类型化定义，然后给群体提供流行的生活方式消费，这种生活方式的确立是建立在消费品牌的基础之上的。如各媒体对于

"白领"生活方式的宣传和引导,是通过消费概念下的一系列消费行为来实现的。

(3)广告媒体为消费者开辟新的生活风尚和消费领域。广告主进行广告投放的目的一方面在于营销的结果,另一方面也传播了产品背后蕴藏的消费观念。在现实生活中,时尚消费观念大多是由广告媒体开辟的。

1.4 广告媒体策划的内容和程序

1.4.1 目标、战略和战术

在广告媒体策划中,必须明确的3个关键词是目标(Objective)、战略(Strategy)和战术(Tactics)。

目标是对期望完成一项任务的简要说明,即目标是对任务的简要解析。在策划中,目标处于最高端,战略和战术都要根据目标来制定。

战略是指达成目标的行动指南和方法,即战略是根据目标来设定的。

战术是指达成战略的行动细节和具体实施,战术是根据战略来制定的。

广告媒体策划的目标、战略和战术这是一个不可逆、从概念化走向操作化的过程。如放假之后你打算去香格里拉旅游,去香格里拉旅游就是目标;距离太远,你觉得乘坐交通工具去,那么选择交通工具到达香格里拉就是你的战略;最后,综合时间、金钱等各种因素,你决定坐火车去香格里拉,那么乘坐火车就是你的战术。同样,在进行广告媒体策划时,首先需要对广告媒体的任务进行解析,明确广告媒体目标;然后根据目标,在方案层面制定战略;最后根据战略制定具体的实施方案。

1.4.2 广告媒体策划的五要素

实际上,广告策划是营销策划中众多元素的一个,广告媒体策划是广告策划的一个环节。营销策划的其他要素包括产品特征、促销组合、包装、价格政策以及竞争状况和经济环境等。所以广告媒体策划从目标、战略和战术上都应该与营销策划的其他要素进行互动和整合。

制定广告媒体策划要考虑的5个基本要素如下:

(1)市场背景。不管是广告媒体策划还是营销策划都必须从市场背景的分析开始,从市场背景分析中了解到消费者、品类和竞争对手的情况,找到策划目标,确定策划需要完成的任务是否具有可行性。

(2)媒介市场目标。在确定媒介市场目标时,必须先明确营销目标和广告目标。然后根据这两者的目标对广告媒体策划需要完成的任务进行解析,明确媒介计划的目标。

(3)目标市场的定义。在明确营销目标、广告目标和媒体目标之后,需要确定在市场中策划针对的目标消费者。并且通过人口统计变项和心理变项对这类消费者进行细分,深入了解这类消费者的行为和心理状态,明确目标消费者个性化的需求。目标市场被准确无误地定义出来之后,才能够选择最恰当的媒体去影响这类消费者的行为和心理。

(4)媒介组合。由于各种媒体的发展,在人们的生活中,每一天都会遇到各种形式、各种类别的媒体。所以广告媒体策划必须在这些媒体中选择效果最好的媒体进行组合。目的在于以最少的投入获得最大的传播和营销效果。

（5）媒介计划排期表。媒介计划排期表是最终的广告媒体策划展现出来的东西，包括在什么时间段，通过什么广告形式投放哪个媒介和媒体载具，投放预估效果和投资额，等等。

1.4.3 广告媒体策划的程序

图1-1就是广告媒体策划的决策过程，从中可以看到广告媒体策划并不是单独存在，而是在营销策划和广告策划之下进行的。在整个决策过程中，都会受到内部和外部环境的影响，包括管理政策、媒体环境、竞争、天气及自然环境、司法及文化环境、经济条件和预算等。

广告媒体策划的第一步是进行背景分析。分析是一种手段，能够深入了解各种问题，找出可能的解决方案并且明确公司与竞争对手的优势点。本书在广告媒体策划的前置作业部分来介绍背景分析方法：通过营销环境分析、消费者分析、传播策略分析、媒体环境分析和竞争品牌媒体分析，来明确广告媒体策划需要的背景信息。

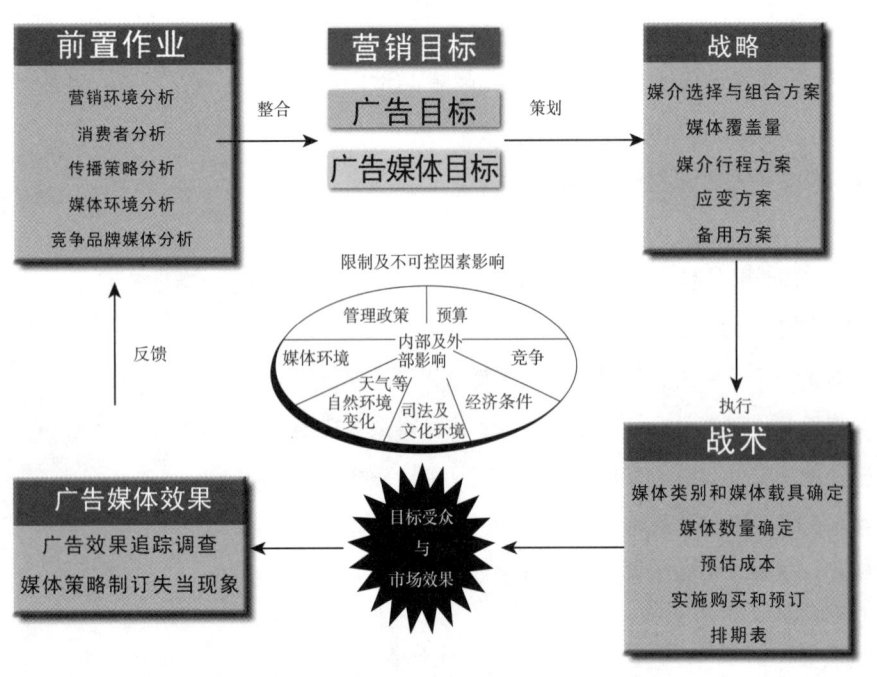

图1-1 广告媒体策划的决策过程

整合背景资料之后，需要提出营销目标、广告目标和媒体目标。

换句话说，在分析完营销形势之后，营销和媒体策划人员就要对此次的营销和广告媒体任务进行解析，明确这次要达成的目标。营销目标、广告目标和媒体目标三者的关系是确定营销目标之后，广告作为营销手段的一种相应确定广告目标，而媒体目标是广告在媒体投放等方面需要达成的目标。如果一次营销策划的目标是在季节性销售旺季获得销售额的显著增长，那么广告目标就是在销售旺季之前获得一定的知晓率和好感率。此时的媒体目标就是要在销售旺季的时候，让广告能够覆盖目标消费者，让目标消费者获得一定的接触率和接触频次等。广告媒体目标受到消费者购买行为的影响，广告媒体需要重点覆盖在市场中的主要消费者以及在整个购买行为中作为决策角色的消费者。

确定广告媒体目标之后就进入了战略阶段，即制定策略。一般来说，战略停留在方案的程度，方案主要解决的是广告媒体计划的方向问题，如在一定的广告媒体目标下，需要覆盖目标消费者的特性、媒介选择与组合方案、媒介行程方案、应变方案、备用方案等。

确定方案之后，就需要着手执行，这是"战术"层面的工作。这个过程要求把所有的方案进行细化，主要工作有媒体类别和媒体载具确定、媒体数量确定、预估成本、实施购买和预订及排期表。

第2章 广告媒体评估

一般来说，广告媒体评估方法有质化评估和量化评估两种标准。质化评估侧重的是媒体说服的深度和效果，主要评估指标有媒体的权威性、受众接触媒体的卷入度、编辑环境、广告环境和相关性等；量化评估看重的是媒体广度及投资效率，主要考核指标有媒体的覆盖面、接触人数、千人成本等可以根据已知或推算的数据算出的具体数字。不同的广告媒体因各自特性的差别而显示出不同的媒体价值，衍生出不同的评价方式，如电波媒体的收视人口、目标收视率等，印刷媒体则为发行量、传阅率、阅读人口等。

广告媒体评估结果直接影响媒体的选择与购买，因此广告媒体评估成为媒体作业的焦点之一。广告专业人员从事媒体策划工作，需要挖掘评估结果数据呈现的意义，考核媒体效率和媒体效果，在购买媒体付出的投资成本与投资回报间做出最优的选择。

2.1 广告媒体的质性评估

媒体评估中的媒体的覆盖率、收视率、接触人数、千人成本等都可以数量化，其评估的是人数或人次与费用等量化数据所计算出来的媒体效率。在量化评估上的基本假设是，同一媒体类别下的各个载具对于所有品类与广告活动都是等值的，即不同的电视频道与节目所产出的每个百分点收视率对任何品牌及广告活动都是同样的价值，不同的刊物所提供的阅读人口对所有品牌及活动效果也是一样的。实际上，各电视频道与节目因其形象、定位、节目形态等的差异，会对品牌及传播活动带来不同的媒体效果；不同刊物的刊出内容、权威性等的差异也会影响媒体效果。

广告媒体投资的目的是达成广告效果，即建立知名度、提高偏好度等，这属于媒体效果。量化上高的媒体效率虽然是媒体效果的基础，但是有效率并不代表一定有效果。需要用媒体质性评估考核媒体的品质——受众对载具的信赖、观感与态度等；各种媒体在服务于广告活动时，因其所能利用的广告时机，所需时间的长短，实际的表现效果，视觉化程度，对内容的阐明能力，在受众心目中的信任度，色彩的利用，给人的印象等方面的差异，从而形成了它们品质上的不同。量化测量的是接触上的"有没有"，而质化分析针对的是"深或浅"，载具的量化与质化因素构成媒体评估的横轴与纵轴，完整地标示媒体的传播价值。

广告媒体的质性评估是不能根据测定加以量化，但实际影响广告媒体投资效果的因素。质化指标则偏向主观认定，比如影响力、可信度、氛围、环境等，由于这些概念很难测量，因此媒体质化评估在操作上难度较大。尽管如此，还是有一些比较成熟的经验可资借鉴，一般较常使用的评估内容为媒体影响力、接触关注度、编辑环境、广告环境和相关性。

2.1.1 媒体影响力

媒体的影响力主要有两个方面，一方面是广度，另一方面是深度。广度包括收视率、覆盖面等，是可以量化的；深度是公信力，是媒体在受众心目中的地位与形象，是质性评估的方面。媒体影响力的深度影响其广告说服效果：同样的品牌，同样的广告文案，使用在不同的媒体中，带给受众的价值和印象是不一样的。这种影响力是由各媒体所特有的品牌特性对广告效果产生的关联效果，即媒体自身的长期价值取向所形成的社会效果，给利用该媒体的广告形成一种附加外在的影响。这种影响在一定程度上会左右受众对该媒体广告信息的接受、信赖和采用的态度。媒体的信誉好，社会地位高，有助于提升广告信息的可信度。广告主可借助媒体的地位和信誉说服目标消费者。

质化指标具有较大个别性，媒体策划人员应当对媒体主办的质性评估进行调查，如影响力大、"读者最喜欢"等保持中立态度。因为这类调查很多都是促销性质的，并不客观。从一种媒体中获得的评估结果，对其他媒体却并不适用。媒体地位与形象可能由于不同的目标群，在不同的区域或不同的时间，会有所差异。例如，中央电视台的新闻联播，因不同年龄层、不同的区域（如在华北、华南等）及不同的时间，其地位与形象将存在显著的变化。

2.1.2 接触关注度

接触关注度指的是当消费者接触媒体时的投入程度。收视率调查关注的是消费者"有没有看"的问题，而接触关注度要探究的是"看的质量如何"的问题。一般来说，消费者专注地接触媒体与漫不经心地接触媒体相比，前者广告效果更好。因为专注地接触可以增加消费者理解和记忆广告信息的机会。

这里的广告效果指广告信息被认知和记忆的程度，一项奥美（伦敦）公司的研究报告指出，接触关注度较高的节目与一般节目相比其平均值，消费者收看广告的意愿提高49%，广告记忆度则提高30%，证实媒体接触质量对广告效果的影响。事实上，在传统的收视率资料中加入收视率加权指数（关注指数）能更准确地评估媒体效果，在作用先进的地区已经成为固定的作业系统。收视率加权指数可以通过节目收视率和关注指数后交叉运算后得到节目的关注指数（表2-1）。在操作上主要是以问卷调查消费者对各节目的收看频次及连续性、主动收看还是被动收看、节目喜欢程度及错过收看的失望程度等方面进行。

表2-1　　　　　　　　收视率与接触关注度　　　　　　　　%

节目	收视率	关注指数	加权收视率
A	32	35	11.2
B	19	90	17.1

对于未能直接获得接触关注度调查数据的情况下，可以通过节目类型及播出时段等相关资讯加以主观判断。根据不同的节目类型与一般媒体接触态度，主观判断各形态节目关注指数。以节目形态划分的指数设定必须考虑到目标消费群的差异，如目标群的性别、年龄、受教育程度、收入和生活形态等，以及他们对各式节目类型的兴趣与关注程度等，这些不同将导致关注指数上的差异，如男性目标群对于球赛节目的关心指数将比女性高。节目播出时段不同，也会导致接触关注度的差异。操作时，需要考量目标群在不同时间段的生活作息与媒体接触，如黄金时段（19:00—22:00）一般为一天的收视高峰，消费者收视也较为专心。但是不同地域或城市目标消费人群关注时间段也有不同，冬季北方家庭晚间休息较早，而南方收视时间段比较后延。

2.1.3 编辑环境

编辑环境，即媒体所提供的编辑内容，及其在受众心目中的定位和形象，对广告品牌创意发挥的适合程度。编辑环境可以从媒体形象和媒体地位两方面说明。

媒体形象，广告媒体在一段时间内的编辑方针基本上是固定的，媒体内容的选择和处理也具有相对固定的风格，通过对受众的连续传播，会在受众心目中树立一定的形象，这就是媒体形象。媒体形象一旦树立，就具有相对的稳定性，很难在短时间内改变。广告媒体的形象将吸引具有相同心理倾向的受众，为与其形象类似的品牌刊播广告，能发挥出较高的广告媒体价值。相反，如果媒体形象与品牌形象、广告创意不吻合，则获得的媒体价值相对较低。例如，大胆前卫品牌的广告放在传统保守的杂志中刊登，其广告媒体价值将大大降低。

如果说媒体的形象和地位是经由媒体长期传播活动的积淀而形成的话，媒体的编辑状态和氛围则更多的是由具体时空环境下的编排设计和编辑内容所决定的。受众对媒体的编辑状态、氛围的反应是与对该媒体刊播的广告信息的反应相互联系的。对媒体氛围敏感的广告主一般会要求将他们的电视广告安排在一种能够支持其品牌和受众乐于接受的氛围中推出。品牌选择赞助节目或活动也会以此作为评估依据。以品牌形象选择节目的内容与风格，让节目成为品牌形象嫁接的途径。例如，雪花啤酒赞助引进《荒野求生：中国特辑》栏目，构成了雪花啤酒以"雪花啤酒勇闯天涯"活动为核心，打造雪花啤酒品牌个性、内涵的有机组成部分。

媒体地位，指特定广告媒体在其类别里所占有的地位，其在专门领域中的声望和重要程度。领导地位的广告媒体载具对其受众具有较大的影响力，将连带使在该载具出现的广告具有较大的说服效果。如《华尔街日报》在财经经理心目中是同类财经报刊中最权威的，处于领导地位。

2.1.4 广告环境

广告环境指的是广告媒体承载广告所呈现的广告媒体环境。它体现的是媒体内广告的质，这与干扰指数是不同的，干扰指数是针对媒体内广告的量。总的来说，如果媒体内所承载的其他广告都是形象较佳的品牌或品类，受连带影响，本品牌也会被消费者归类为高品质的品牌。反之，如果媒体内其他广告皆为弄虚作假、制作粗劣的广告，则受其拖累，本品牌广告也将被归为信誉不佳的品牌。例如，在一份充斥着各种低劣的医疗保健、性用品广告的报纸上投放高档化妆品的广告，则此化妆品品牌常会被受众认为是这类粗俗的医疗保健用品中的一种。

2.1.5 相关性

相关性指对产品或广告创意内容与广告媒体本身、广告媒体内容的相关性质的分析和判断。当媒体内容与产品兼容时，媒体为广告主提供了现成的聚焦点，有助于消费者与内容之间的沟通。相关性越强，消费者对广告的有效接触越高。如时尚服饰广告刊登在《时尚》杂志上，电子数码产品刊登在《信息与电脑》上，暴露于广告媒体面前的消费者，对广告品类或创意表现方式有相当的兴趣。在关注财经报道的受众中，存在大量的股票分析软件的潜在用户，是各企业极力争取的潜在用户。消费者在欣赏节目或关注媒体信息的同时，了解到企业及其产品信息，这样有助于企业有效触达到目标消费群体。

相关性的意义是，消费者对于该类型内容的载具有较浓厚的兴趣，品牌依此线索可以接触到对本品类或品牌风格具有较高兴趣的群体，其产出效果也将较出现在毫不相干的载具上为高。当相关性很强时，广告对于消费者来说更成了一种享受而不是侵扰。

但是，媒体质化评估以主观判断为主，大多缺乏量化的数据，因此在媒体作业中，必须坚持的重要观念是，从品牌所处的位置以及所要达到的目标，真切地去辨认各项质的评估项目的结果，及各项目对达成品牌目标的重要性，且依其重要性制定比值，以得出综合质和量的指数，并据此选择媒体。

2.2 广告媒体的量性评估

广告媒体的量是指能够通过统计调查而得到的广告媒体传播效果的数量指标。一般可以从两个方面来评估广告媒体的影响力：一是从量的方面，即媒体覆盖的广度；二是从质的方面，即媒体说服的深度。

可以从下列3个角度进行广告媒体量性评估。

（1）受众角度。在目标受众确定情况下，分析广告目标受众在各区域内对各媒体的接触状况，以及从时间上所显示的趋势。

（2）媒体角度。从媒体经营角度，分析特定的媒体在各区域的受众构成，以及目标受众在各区域的媒体接触状况。

（3）区域角度。为了解媒体市场状况，分析在特定的区域内各媒体的受众构成，以及目标受众的媒体接触状况。

通过对不同类别广告媒体特性的分析，对广告媒体组合中媒体的类别做出选择后，利用广告媒体载具数量指标对载具进行评估，也就成为选择广告媒体载具的必然要求。同时这些数量指标也是确定广告媒体组合中各种载具投放比例的重要依据。除了单位广告成本指标外，其他数量指标会因为广告媒体载具所属广告媒体类别的不同，部分指标的内涵和用以统计测量的技术手段也就存在了差异。

不同的媒体由于其特性的差异，很难用相同的指标在量的方面进行评估。因此本节按不同的媒体类别，分别介绍电波媒体、印刷媒体和户外媒体的评估方法，最后还就媒体投资效率评估的指标作了对比说明。

2.2.1 电波媒体量性评估

电波媒体主要包括电视和广播。电波媒体的特点是覆盖面广、传播迅速、直观生动、诉求力强。传播技术的相似性决定其在量性分析的指标也保持一致。

在调查方法上，主要有日记法和个人收视仪记录法。日记法是在各样本户中置留收视日记，由家中最经常收看电视的成员负责填写，日记内容为频道、时间与家中成员，记录家庭成员每15min的收视行为，以人工记录方式，记录样本户的家庭成员每天收视状况，在固定（每周）时间回收日记本，并输入电脑形成收视数据。个人收视仪记录法：收视仪为类似电视遥控器的仪器，调查公司在各样本户家中装置收视仪，收视仪上设有代表各家庭收视成员的按键，收视者在收看及离开时以按键方式按下代表个人按键的开和关，收视仪即自动记录该成员的收视状况，调查公司以固网电话或人工方式将收视数据收集至调查公司数据中心，经过整理统计后提供给用户使用。

电波媒体量性评估，主要是根据电波媒体观众调查测量结果为数据基础，然后进行运算与比对。主要衡量指标如下。

1. 开机率

开机率指所有拥有电视机的家庭或人口在特定时间段里暴露于任何频道的家庭或人口的集合数占该地拥有电视机的总家庭数或总人口数的比率。如果某地拥有电视机的家庭数是100，在某个时段内有40个家庭的电视机处于开机状态，那么开机率为40%。

按照不同的计算单位，开机率又可以分为家庭开机率和个人开机率。家庭开机率（Household Using TV，HUT）是指在特定时间段里暴露于任何频道的家庭数占所有拥有电视机的家庭数的比率。家庭开机率由于是特定时间段里所有频道开机的总和，因此，只分时段，不分频道。个人开机率（People Using TV，PUT）指在特定时间段里暴露于任何频道的人口数占所有拥有电视机的人口数的比率，和家庭开机率一样，个人开机率也是只分时段不分频道。开机率调查主要用于对不同市场、不同时期收视状况的了解，分析各地区在不同季节收视习惯的变化。

2. 视听人口与视听率

视听人口是指暴露于一个特定节目的人口数。视听人口只代表收看或收听某个节目人数，如果两个地区总人口数相差很大，单从绝对数量来比较两个地区的媒体投资价值是不合适的，应该用相对数来比较。

视听率则是指暴露于一个制定电视节目的人口数占拥有电视的人口总数的比率。视听人口从绝对数量上反映某一电视媒体拥有的受众数量，收视人口数值大，则说明广告媒体的覆盖规模大；视听率数值大，则说明广告媒体覆盖效率高。如果某一电视媒体覆盖规模大、覆盖效率高，那么在该广告媒体上投放广告时，传播效果就会比较好。

视听率包括电视的收视率和广播的收听率。收视率根据计算单位的不同又分为家庭收视率和个人收视率。家庭收视率指暴露于某个特定电视节目的家庭数占所有拥有电视机的家庭数的比率。个人收视率则指暴露于某个特定电视节目的收视人口数占所有拥有电视机的人口数的比率。

在商品的对象消费者群被确定后，所确定的消费群中的收视人口及比率即为对象收视人口与对象收视率。对象收视人口：在确定的商品对象消费群中，暴露于一个特定电视节目的人口数。对象收视率：在确定的商品对象消费群中，暴露于一个特定电视节目的人口数占所有对象消费群人口的比率。

在我国收视人口和收视率数据可以通过AC尼尔森公司、央视—索福瑞公司、慧聪国际咨询机构等第三方专业机构、当地的电子媒体调查机构或当地电台、电视台、高等院校媒体研究机构等获得。计算公式为

$$收视率 = \frac{收看某一特定节目的人口数}{拥有电视人口总数} \times 100\%$$

$$收视人口 = 拥有电视人口总数 \times 收视率$$

3. 观众组成

观众组成是指某一节目按照人口统计分类的各阶层观众占所有该节目观众的比率。计算公式为

$$观众组成比率 = \frac{某一观众群人口数}{总观众数} \times 100\%$$

例如，某一总观众人数为 200 万的电视节目的观众组成分析表如表 2-2 所示，从表 2-2 中可以分析出，收看该节目的观众中，男性占 65%，女性占 35%，25～34 岁的观众占 45%，如果广告的对象是男性观众，而且年龄段在 25～34 岁之间，那么该广告媒体就是一个不错的选择。

表 2-2　　　　　　　　某电视节目的观众组成分析表

频道：A 频道
节目：B 节目
日期：Y 年 M 月 D 日
时间：21：15-21：45

人口统计分类		人数（千人）	比率（%）
性别	男	1100	55
	女	900	45
年龄	20 及以下	140	7
	20～30	500	25
	30～40	900	45
	40～50	260	13
	50 及以上	200	10

除了表 2-2 中采用的按性别和年龄作为统计口径外，其他统计变项，如职业、收入水平在广告主选择广告媒体进行组合时，都将成为分析项目，以从各个角度了解节目的观众成分，对广告媒体的适应性做出分析与评估。

观众组成所提供的是节目定位及浪费检视。一个电视节目因其内容与风格，而吸引特定兴趣与价值观的观众，由此形成观众组成，透过观众组成分析，也可以判断该节目的归属阶层，如"职业妇女"、"中产阶级"等，节目的归属将影响观众的关心度与接触投入程度。一般而言，族群对属于自己的节目具有较高的归属感，接触投入度较高，连带使广告效果也较突出，特别是高收视且受众组成明确的节目；反之，如果品牌所设定的目标消费群仅占节目受众较小的比率，则受众在缺乏兴趣与归属感的情况下，其关心度及投入程度将大打折扣，导致媒体效果的低落，且在媒体购买效率上，将预算花费在大部分受众非目标消费者的载具上，将形成媒体投资上明显的浪费。

4. 媒体的区域分布

媒体的区域分布指的是跨区域广告媒体在各区域的分布情况，包括对不同区域的覆盖域和覆盖率、各区域的收视人口及其组成。媒体的区域分布情况，对于进行跨区域营销的品牌而言，也是其是否可以被采用的重要考察项目。大陆市场在卫星与有线电视普及的环境下，全国性媒体与区域性媒体的跨区域覆盖成为媒体环境的常态，包括中央电视台、省

级卫视及境外卫视等。与地方媒体覆盖特定地区不同的是，由于全国与区域频道的跨区，因此必须根据其覆盖区域加以评估，区域频道在各地受欢迎程度不一，则造成同一频道与节目在各地收视的高低，全国或区域媒体提供品牌传播覆盖与区域媒体整合机会，借以提高媒体投资效率，需要注意的是，必须仔细评估媒体覆盖与品牌销售区域的重叠，以避免造成投资浪费。

2.2.2　印刷媒体量性评估

报纸与杂志同属印刷媒体，因此在量性评估上也同样具有一致性。对印刷媒体进行量性评估的指标主要有发行量、传阅率、阅读人口、读者构成、刊物的区域分布等。

1. 发行量

发行量指刊物发行到读者手上的份数，是衡量印刷媒体的规模和影响面的大小的重要尺度。发行量可以细分为宣称发行量、稽核发行量、订阅发行量、零售发行量和赠阅发行量。

宣称发行量是由报刊本身根据实际印刷量扣除未发行份数所宣布的发行量。稽核发行量是由第三方对刊物发行量加以查证后所提供的发行量。2005年，国内成立首家从事出版物发行量调查统计和认证的机构——国新出版物发行数据调查中心，该机构的成立可以在一定程度上避免以往由印刷媒体向客户和广告公司提供发行量时存在的一些隐瞒及夸大发行量的现象。

订阅发行量指发行量中属于长期订阅部分的发行量；零售发行量指发行量中属于单期购买的发行量；赠阅发行量指发行量中以非付费方式发行的份数。

后3种类型的发行量在媒体评估上有其不同的价值，订阅发行量的读者对刊物具有较强的信心与兴趣，对刊物的投入程度也较高，因此具有较高价值；零售发行量次之；赠阅发行量则大部分并非读者选择的结果，因此价值最低。根据媒体发行量的不同类型对广告的价值大小来确定价值指数，可用来对媒体的实际发行量进行修正、稽核，并以稽核发行量作为选择媒体的一个依据。

2. 传阅率

如果发行出去的报刊有且仅有一人观看的话，那么发行量应该等于阅读人口，而现实的情况显然并非如此。一份报刊可能会被多次传阅，这就会造成一期报刊的实际阅读人数很可能大于发行量。

传阅率指每份刊物被传阅的比率，一份刊物被3个人阅读，其传阅率即为3，被5个人所阅读，传阅率即为5，平均传阅率即为每一份刊物平均被传阅的比率。

基于此，可以把阅读人口进一步细分为付费阅读人口及传阅人口。在评估报刊时，为了能够更加准确地计算阅读人口，就需要对报刊的平均传阅情况进行调研（一般由专业机构提供）。平均传阅率指的是每一份报刊平均被传阅的次数。在获取了发行量和平均传阅率后，就可以计算出阅读人口了。

3. 阅读人口

阅读人口调查是在各市场通过抽样问卷方式，了解受访者在昨日、上周或上个月对各刊物的接触情形，借以分析各市场读者对各刊物的接触状况，特定刊物在各市场的读者组合，以及设定目标消费群在各市场对各刊物的阅读情形。

从调查方式可以理解，发行量与阅读人口不同的是，发行量是从刊物角度出发，了解单期的发行份数，而阅读人口则从读者角度调查读者对刊物的接触情形，因此发行量指的是每期刊物，而阅读人口则指固定时间的接触。

印刷媒体的阅读人口类似电波媒体的视听人口，但由于呈现方式与电波媒体的差别，就导致了其与视听人口不能完全等同。印刷媒体的阅读人口仅表示在某一报纸或杂志上刊登一次广告后，会有多少人看过广告，至于看多长时间已经完全不受媒体本身控制了，这与电波媒体有较大区别。

$$阅读人口 = 发行量 \times 传阅率$$

刊物的平均阅读时数与阅读地点也影响其广告价值，阅读时间较长的刊物，媒体效果显然比匆匆数分钟翻阅的媒体效果更佳，而在广告效果上，由于阅读环境上的差异，在家阅读的刊物一般比在地铁或公车上阅读的刊物更胜一筹。

4. 读者构成

读者构成是每份刊物阅读人口的统计变项结构，包括性别、年龄、受教育程度、职业、收入率，其计算方法与电视媒体的观众组成分析相同。

5. 刊物的区域分布

对于跨地区发布的刊物，其在不同区域内有不同的媒体接触状态，形成刊物在地区分布上的差异。因此，在执行上有些刊物会依不同形式加以分版，如根据地区分为华东版、华南版等。企业可以根据需求选择合适的版，以接触所有阅读人口，同时享受多版折扣，这是印刷媒体特有的现象。

2.2.3 网络媒体量性评估

网络广告媒体的量性分析主要是通过包括网站（或网页）的访问次数和访问者人口组成反映。访问人次可通过计数器进行准确计数，这是网络媒体领先于其他媒体的一个最重要的原因。网民组成分析可通过在网上发布调查表的方式完成。网络媒体载具数量上的比较方法是，假如 A 网页访问次数为 10000 人次，B 网页访问次数为 20000 人次，在 A 网页中男性访问者占 80%，为 8000 人次，而 B 网页中男性访问者为 20%，则为 4000 人次，因此广告如果是针对男性，则应优先选择 A 网页发布广告。

网络媒体载具量化评估则将网络视为单纯的信息管道加以评估，在评估的数据来源上，主要是艾瑞（iResearch）公司所提供的数据，称为"艾瑞网络用户行为监测"，其调查方式是通过抽样调查，了解网络使用者对各网站的接触情形，提供超过 3000 个网站的接触数据，以及超过 30 个评估项目，而网络媒体在评估上，主要包括下列指标：

1. 曝光数与流量

曝光数，亦称印象人次，指网络使用者暴露于媒体载具的总人次，其概念与传统媒体的接触人次相似，曝光数可以加入目标消费者的界定，成为目标曝光数，可以针对个别网站，或者是品牌的网络媒体排期。

流量，指在一定时间单位内，网站的访问者数量，以及其媒体接触行为，即总访问者数量，包括独立访问者数量、重复访问者数量、网页浏览人数、访问者浏览页面数及停留时间等。

2. 网页浏览人数

网页浏览人数,指在一定时间单位内网页的浏览接触者数量,为总接触数量,包括独立的与重复的接触者。

3. 点击数与点击率

点击数,指用户点击广告的数量。

点击率,指接触人次中点击广告的比率,计算方式为点击数除以曝光数。

网络媒体形式丰富多变,既有形式包括横幅(Banner)、通栏(Column)、对联(Couplet)、弹出窗口(Pop-up)、画中圆(Picture In Picture,PIP)、流媒体(Supersital)等,而新形式则随科技发展不断推陈出新,不同形式的媒体除了在吸引注意与创意表现能力等方面存在差异之外,网络媒体的目的通常是将受众导引至"采取行动"上,因此网络媒体虽然在形式上各有差异,但是在媒体评估上一般也根据其在促成行动上的效率加以评估。值得注意的是,网络媒体接触的主动性掌握在受众方,强迫性或"耍诈式"的接触,或许可以创造表面绩效,但对最终销售产出将徒劳无功。

2.2.4 户外媒体量性评估

户外媒体主要是区域媒体,因此评估主要集中在媒体和受众两个角度上,跨区域评估的意义不大。主要评估户外媒体载具接触目标消费者的数量,及其在消费者动线上的价值。

在接触消费者数量的数据上,取得方式可以在户外载具所在地,以摄像机从能见的各角度拍摄通过的人群,其中面孔正面朝向户外载具的总人数,即为该载具的接触人口。接触人口组成则以外观判断,或辅以街头抽样调查方式取得,如此获得各载具的接触目标人口数。

载具动线价值,指的是载具对商品消费的相关性与影响力,如卖场内的媒体对于快速消费品、加油站媒体对于汽车相关商品等。

对户外媒体的量性分析一致是广告界的难点所在,日有效交通流量是考察户外广告所在位置的广告曝光效果的一个最重要的指标。

日有效交通流量指的是该户外广告前的每一日的有效通行量,即把能够看到那个户外广告的场所每一日什么人在通行这一数据进行调查计算。计算公式为

$$日有效交通流量 = 日交通流量 \times 广告类型权重$$

由于受众是以不同方式(步行、乘车等)通过广告所在地的,在计算过程中需要考虑以不同方式经过广告所在地的人口计算规则。由于乘坐各种交通工具经过户外媒体广告所在地的人数无法准确统计,所以需设定权数,如普通公交车按 1 人次计算,双层巴士按 1.5 人次计算。假设测定得到的步行人数为 a,自行车为 b,单层巴士为 c,双层巴士为 d。同时,由于载具具有不同特征,有的适合白天,有的适合夜晚,因此不同的户外媒体广告展示的时间不同,户外媒体广告每日流量的计算还要以不同展示时间赋予不同的权数。例如,将只有白天能看到的户外媒体广告的权数设为 0.45,而霓虹灯、灯光路牌等 24h 可见的广告权数设为 0.64。

对户外广告媒体的量的评估同样也还有广告受众组成分析,方法与其他媒体没有实质性的差别,在此不作赘述。

2.3 广告媒体载具的投资效率评估

媒体因其对大众的影响力而产生商业广告价值。在这个基础上,媒体价格的高低也应该根据其对大众的影响力的大小来设定。效率就是投入和产出之间的比率,媒体投资效率即是从单纯量化的观点来评估媒体的投资效率。

媒体投资效率评估的主要工具为千人成本(CPM)、收视点成本(CPRP)。

2.3.1 千人成本

千人成本是指特定媒体载具每接触一千个目标消费者所需的成本费用,即广告价格除以媒体接触人口,再乘以 1000,以电视媒体为例,其计算公式为

$$\text{A 节目 CPM} = \frac{\text{A 节目广告单价}}{\text{目标人口数} \times (\text{电视普及率}) \times \text{A 节目收视率}} \times 1000$$

广告单价除以暴露于 A 节目的目标人口数,所得出的结果为"一人成本"。在大部分市场,由于"一人成本"大多不足整数,且大众媒体接触消费者数量较为庞大,因此习惯上将一人成本乘上 1000,成为千人成本,以清楚地比较载具之间的差异。千人成本在媒体评估上应用非常广泛,除了电波媒体之外,几乎可以用在所有媒体价格与接触人次的比较上。

2.3.2 收视点成本

收视点成本:收视点成本是简化的千人成本。计算是直接将媒体价格除以收视点,得出各媒体购买一个收视点所需费用成本,其计算公式为

$$\text{A 节目 CPRP} = \frac{\text{A 节目广告单价}}{\text{A 节目目标群收视率}} \times 100\%$$

式中,收视率为百分比,必须乘 100 以恢复成百分点。

由于忽略了市场的目标人口数,点成本的计算必须明确地定义所评估的市场范围,因此点成本一般运用在当地市场载具之间的比较上。在跨区域或不同定义的市场范围内,点成本的比较可能造成计算结果上的误导。例如,同样是 4% 的收视率,在 1000 万人口的市场代表的是 40 万人,在 100 万人口的市场代表的却只有 4 万人。千人成本则已经将百分比换算成千人,而人数上的千人在所有市场均为等值,因此在跨地区的比较上应使用千人成本较为合理。

CPM 与 CPRP 在运用上,必须特别注意下列事项:

(1) CPM 与 CPRP 主要的作用是比较性。比较各媒体或节目在投资效率上的差异,据以从媒体市场所提供的媒体中选出投资效率较高的媒体。因此,单看一个节目 CPM 与 CPRP 数值的高低,没有实质意义,假设整个媒体类别所提供的载具只有一个,并没有其他选择,则 CPM 与 CPRP 将因无从比较而不能发挥作用。

(2) 不同节目间 CPM 与 CPRP 的比较,必须是在一个固定的计价单位上比较,如固定的秒数、固定的位置,且相互比较的单价是折扣过的净价。

（3）CPM 与 CPRP 的数据不适合用于跨媒体类别的比较上，不同的媒体类别特性与功能不一样，如果简单地将其并列计算，将使比较失去意义。不同媒体计价单位的不同，电波媒体是以时间计价，印刷媒体以版面计价，彼此之间缺乏合理的媒体效果换算，不适合做跨媒体类别的比较。

在实际的作业中，应该是先根据品牌在媒体特性与功能上的需求，选择符合品牌传播需求的媒体类别，然后在设定的媒体类别内评估各媒体的投资效率，作为媒体选择的客观依据。

第3章　广告媒体策划的前置作业

在进行广告媒体策划工作之前,应该分析品牌在市场上所处的位置状况。进行分析的原因是为了去了解一个品牌如何找到开拓市场机会的领域或纠正错误的领域,成功地与其对手竞争。最终,这种营销环境分析结果将会导致市场目标和市场策略的形成,进而形成媒体目标和媒体策略。

因此在进入媒体计划之前,必须先对下列影响媒体计划的范围进行深刻了解:

(1)营销环境分析,包括市场状况分析、品类成长率与普及率、产品与品牌分析等。

(2)消费者分析,包括消费者的人口指标、文化价值观、对此品类的消费心理和消费行为,如使用习惯及态度、品牌忠诚度、购买与使用频度等。

(3)媒体环境分析,媒体市场的供需状况和特点、消费者媒体接触习惯以及各媒体投资效率分析等。

(4)竞争品牌状况,包括竞争品牌的定义、品类与竞争品牌的主要诉求对象、媒体投资量、媒体使用状况、媒体行程走势等。

上述4项能帮助广告主解决一个同样的挑战:如何通过媒介将自己的产品、服务及观念有效地传递给买方。前置作业是为了获得进行广告媒体策划所需要的背景信息,从而使决策更加科学。在上述前置作业完成后,才能确保后续的媒介计划与营销计划一致。

3.1 营销环境分析

营销环境的分析在媒体计划里占据重要地位,它不仅是媒体计划目标设定的前提,而且是整个媒体计划的基础。从流程上看,它是媒体计划的第一步,为媒体计划提供关于市场整体状况的描述,包括品牌所处的市场环境、目标市场的品类及品牌发展状况与成长趋势,评估媒体投资的潜力并协助判断媒体目标对象的设定。

营销环境的分析必须包括下列基础资讯:宏观经济环境分析、市场规模分析、产品生命周期分析以及品类商品的总市场量分析等,现简略介绍前3种。

3.1.1 宏观经济环境分析

宏观经济环境分析包括政策环境、经济形势、发展趋势以及品类产品的产业环境等。通过这些分析可以掌握地区市场的地理环境、资源环境、人文环境、社会环境等,了解地区的家庭平均收入状况、相关政策在地区市场的适用状况等。

3.1.2 市场规模、品类与品牌状况

市场规模分析包括已有市场规模评估、各地区市场规模评估及未来市场规模预测。除

上述是基础资讯外,还必须针对各目标市场的品类市场规模、普及率、成长趋势及成长来源、品牌数量、品牌占有率等资讯深入探讨。

市场细分战略意味着广告主必须制定产品与营销组合,以满足某些特定市场细分的需要和欲望。此后,随着主流市场细分的饱和以及产品生命周期的缩短,产生了一些新的方法,如定位法、营销战、缝隙市场营销法、微观营销,乃至现在的一对一营销。所有这些方法都是在基本市场细分战略基础上的变形,只是如今的细分市场规模变得越来越小。

各市场的品类占比为品牌的参考依据,然而各市场的销售机会及竞争环境有所不同,造成了占比上的差异,如此也形成各市场不同程度的广告干扰度。各品牌应该有其全国性占比指标,然而因其对各市场的企图心及策略导向的差异而有不同的投资量与占比。

品牌占有率指某一品牌商品在市场上占该类商品总销售量的百分比,亦称为市场份额。增加品牌在市场占有率的营销目标下,需要强调品牌占有率。当品类处于成熟期,品牌占据了大部分的市场份额时,广告媒体需要覆盖既有消费者;当品类处于导入期或者成长期,品牌已经占据了大部分市场份额时,广告媒体需要覆盖既有的消费者以及可能购买该品牌的其他品类消费者;当品类处于导入期和成长期,品牌在市场中的占有率有限时,广告媒体需要覆盖的是竞争对手的消费者。

3.1.3 产品生命周期

营销人员的理论认为,正像人类要经历从婴儿到死亡的各个生命阶段一样,产品(尤其是产品品种)也会经历产品生命周期,而产品在生命周期中的位置则会影响到目标市场的选择及所采用的广告形式。产品生命周期分为4个阶段:导入期、成长期、成熟期和衰退期。

1. 导入期

当一个新的品类或商品刚刚在市场上出现时,通过市场细分,企业可以找出自己的目标消费者,然后直接针对他们促销这个新产品品种。目的是刺激市场的初始需求,即消费者对整个产品品种而非某一特定品牌的需求。

广告在导入期通常扮演告知或教育消费者的角色。受市场的局限,此时媒体投资总量通常不高,但投资策略会因消费者对该品类产品的关心度的不同而有所改变。

(1)关心度较高的品类。消费者对新品类关心度较高,消费态度比较审慎,需要较长的时间去理解新的品类。因此导入期通常较长,媒体所针对的对象是使用过与此类似或可替代品类的消费者,具有较高尝试潜力的前导消费群,广告目的在于详细地告知消费者有关该品类产品的信息。

媒体在策略上的重点并不在追求广大的覆盖面,而是在于针对准确的潜在消费者提供深度资讯。因此媒体的选择重点通常会放在一些能够传达较多信息,具有阅读性的印刷媒体,如报纸、杂志等。

(2)关心度较低的品类。关心度较低的品类,不需要消费者投入过多时间去了解,消费者对商品的了解程度与商品的购买影响也不大,愿意尝试者较多,产品导入期相对较短。当消费者尝试意愿持续提高,加上其他品牌的加入品类竞争行列,将造成品类使用率及使用频率持续增加,使品类迅速进入成长期。为快速占领市场,需要较广的媒体覆盖面，以便在该品类产品进入成长期时占领先机。

广告的功能在于针对使用者提供广泛的覆盖与告知，而不在对特定较小族群提供深度的理解诉求。此种品类媒体选择时要着重考虑覆盖面广、传递迅速的电波媒体，如广播、电视等。

2. 成长期

当销量飞速上升时，产品进入成长期。这一时期的特点是市场快速扩大，越来越多的顾客受大众广告和口碑的影响，会进行购买活动，竞争对手出现。因为新品牌的投入，带来密集与频繁的营销以及传播广告活动，将集体促使品类使用率的进一步提高，如此交互作用推动品类快速成长，然后逐步进入成熟期。

由于新消费者的不断加入，媒体的诉求对象也从导入期时新消费者为主变为新消费者、潜在消费者和既有消费者并重。由于品牌数量的增加，各品牌之间竞争加剧，成长期的广告重点在于建立品牌差异，需要清楚地辨认自身品牌以及主要竞争品牌消费群体，然后根据营销传播策略的需求，准确地将传播广告信息传送给设定的目标消费群。

3. 成熟期

进入成熟期后，由于竞争产品的增加和新顾客人数的萎缩，市场逐渐饱和，行业销量趋于稳定，竞争进入白热化，利润减少。在此阶段，企业纷纷加强自己的促销力量，但着重向顾客突出选择性需求，强调自己品牌的微弱优势。市场最大的特征就是竞争，竞争的对象也从导入期和成长期的跨品类之间的竞争，转移到品类内各品牌之间的竞争，在相对固定的品类经济规模下，销量的增长以牺牲竞争对手为代价（征服性销售）。在这个淘汰过程中，市场细分战略、产品定位战略和价格促销战略都变得更为重要。

由于竞争的加剧，成熟期广告促销呈现下列特征：一是整体支出的提高以支应日益嘈杂的环境；二是以短期销售为主的促销逐渐取代以建立品牌为主的广告而占有较高的比率。

媒体在此时期的操作重点是竞争导向的。媒体的作业重心转变成为在消费者心目中的品牌知名度的竞争。拥有较大传送量，露出较为密集的品牌更能够抢得先机。因此各品牌在不增加预算的情况下，缩减广告影片长度，缩小平面广告版面，争取较高的露出频率，以突破竞争干扰。

由于竞争成为成熟期的主要作业轴心，竞争品牌的媒体投资分析相对显得更加重要，必须时刻关注竞争品牌的媒体活动，并制订优势的竞争策略，而媒体作业也必须更灵活，更具机动性，以适应高度竞争环境。

4. 衰退期

最后，由于过时、技术革新或新消费口味的出现，产品难以重获新生，最终进入衰退期。这时，企业便可能停止所有促销活动，迅速停止产品的生产，或仅用少量的广告维持，让产品逐步自行消亡。媒体在此时期的作业将以维持既有消费者为主。

3.2 消费者分析

产品是为满足消费者的需要而存在的。当广告主充分了解会使用产品和服务的人或组织，而且比竞争者做得更好，才能使这些需要得到满足。消费者的反应是对一个营销策略能否成功的最佳检测。一个成功的营销计划的每个方面都应当结合对消费者的认识。关于消费者的数据有助于组织限定一个品牌的市场，并确定存在的威胁与契机。

一般产品的用户概况包括人口统计法，消费者的生活方式和生活态度也应当包括在内。购买特定品牌的消费者和购买竞争品牌的消费者之间的差异同样也很重要。还应当分析消费者购买产品时的购物习惯，如在哪种零售点购买，经常购买哪种尺寸、型号和颜色。对于消费者如何使用这些产品、在什么时候使用它们，也应当有所了解。最后，掌握购买者、用户、推动他人成为购买者和用户的人的情况，对策划人很有帮助。上述所有信息都能帮助媒体策划人选择媒体的目标受众。

消费者分析可以从作为个体的消费者、作为决策者的消费者入手进行分析。

3.2.1 作为个体的消费者

消费者购买决策受其个人特性的影响，特别是受其年龄、职业、经济状况、生活方式、个性及自我观念的影响。某一行业的消费者概况包括个人信息统计，如年龄、性别、收入和职业及所在的地理位置。在广告媒体策划的前置作业中，需设定市场消费者的人口数量、全国总人口数、个别市场的消费者人口数、消费者的分级，以及生活方式、个性及自我观念。

消费者的人口数量是决定市场规模的基本要素。个别市场的消费者人口数则提供各市场投资价值的基础资讯，对数量为基础的大众消费品而言，市场规模的大小是由目标消费者人口数量的大小决定的。在预算制定时必须根据人口数去预估销量及利润。所有的媒体运算，诸如接触人口及 CPM 等也是以消费者人口数量为运算基础。

1. 消费者价值分析

在估算市场普及率及品牌占有率时，除了以人头数计算之外，由于消费者在使用习性上的差异，造成他们在销售的价值及意义上也会有所不同。著名的 20/80 规则认为：在顶部的 20% 的顾客创造了公司 80% 的利润。以消费量为例，市场上经常出现的现象是少数的重级使用者占有大部分的消费量，即重级使用群在销售价值上，由于人均消费量或集体消费量都比其他消费群高出许多，因而具有重要价值。

由于各市场成熟程度的差异，不同的市场可能存在不同的消费群结构与消费所占比率，以及所提供给品牌的投资机会。在消费者的绝对数量中，存在不同等级的消费群与销售价值，即重级使用者、中级使用者与轻级使用者，各代表不同的消费能力。

各群体在销售价值上的差异，反映在媒体的资源分配上也应有所对应。在策略上必须制定所要针对的对象阶层是所有消费者、重级消费者、中级消费者、轻级消费者还是新消费者。从投资成本效益考虑，媒体应首先将资源集中于重级消费者，即含金量较高的族群。基于行销上的扩张需要，品牌可能必须将对象阶层扩及中级消费者，甚至轻级消费者，而以所有既有消费者为诉求对象。在品牌强力扩张的行销策略下，媒体除了针对既有消费者外，同时也把具有开发潜力的新使用者列入诉求范围。

2. 生活方式、个性及自我观念

在对消费者的界定上，一般是以统计变项加以定义，如性别、年龄、收入、受教育程度、职业等，然而在相同的统计变项定义下的消费者，其品类使用可以大相径庭，品牌选择也可以完全不同。事实上，品类与品牌选择是一种态度，一种感性行为，不同的生活与态度造成品牌选择的差异，或者说不同的品牌形象吸引不同价值观的消费者。在个人独特性逐渐突显的市场环境下，生活方式、个性及自我观念对品牌选择影响越来越凸显。

生活方式是人们生活、花费时间和金钱的方式的统称，它反映了人们的个人活动、兴趣和态度。不同生活方式显然有不同的购买需求。目前，较为完善的细分生活方式的方法有两种，即AIO（Activity，Interest，Opinion）模式和VALS（Values And Life Styles）方法。AIO模式通过描述消费者的活动、兴趣和态度来度量生活方式的实际形式，而VALS方法按照自我导向和资源丰缺两个标准，定义了8个类别的生活方式，将消费者细分为现实者、满足者、信念者、成就者、奋斗者、经历者、工作者和挣扎者，这种细分有助于企业选择目标顾客、进行广告沟通、明确产品定位策略。

个性是一个人所特有的心理特征，它导致一个人对其所处环境的相对一致和持续不断的反应。消费行为学主要采用心理分析、社会心理和品质因素这3种理论对个性进行了分析、解释。最近的研究表明，个性与产品的选择的确有某种联系，人们越来越倾向于购买不同风格的产品以展示自己独特的个性，譬如一些求新的年轻人追逐前卫的发型和时尚的服装。

自我观念是指人们基于自身特性而进行自我认知的一种方法。不同的人对自己有不同的反应，从而形成自己是属于哪类人的观点。自我观念包括理想自我观念和现实自我观念。理想自我观念指个人期望的自己的形象，现实自我观念指个人实际如何看待自己。人们总是不断努力，试图实现理想的自我观念。现实自我观念与理想自我观念都与购买注意力存在很高的相关性。两者同样都是影响消费者选择过程的重要因素。

对媒体作业而言，如何根据产品或服务的特点，寻找相应符合价值观与人格取向的媒体，如此将使传播说服力事半功倍。媒体策划人必须妥善运用市场调查数据，通过专业独到的消费者洞察分析，为品牌建立媒体传播管道与平台。

3.2.2 作为决策者的消费者

1. 购买的角色

人们在购买决策过程中可能扮演不同的角色，包括：

（1）发起者。即首先提出或有意向购买某一产品或服务的人。

（2）影响者。即其看法或建议对最终决策具有一定影响的人。

（3）决策者。即对是否买、为何买、如何买、何处买等购买决策作出完全或部分最后决定的人。

（4）购买者。即实际采购人。

（5）使用者。即实际消费或使用产品或服务的人。

媒体人员必须清楚地掌握各角色在购买行为中的重要性，才能把预算准确地投资在特定的消费者上。在各角色重要性的判断中，同时必须注意角色的改变及其影响。例如，巧克力一般是由女性使用者自己购买，但在情人节等节日，购买者则变成了男朋友。

2. 消费者购买行为

消费者购买决策随其购买行为类型的不同而变化。较为复杂和花钱多的决策往往凝结着购买者的反复权衡和众多人的参与决策。根据参与者的介入程度和品牌间的差异程度，可将消费者购买行为分为4种类型（图3-1）。

		购买者参与程度	
		高	低
品牌差异	大	复杂型购买行为	变换型购买行为
	小	协调型购买行为	习惯型购买行为

图3-1 消费者购买行为类型

（1）习惯型购买行为。它是一种对于价格低廉、经常购买、品牌差异小的产品，不需花时间进行选择，也不进行信息收集、产品评价就进行购买的最为简单的购买行为类型。消费者只是被动地接收信息，出于熟悉而购买，也不一定进行购后评价。企业可以用电视广告、独特包装、销售促进等方式鼓励消费者试用、购买和续购其产品。

（2）变换型购买行为。它是一种对于品牌差异明显的产品，不愿花长时间来选择和估价，而是不断变换所购产品品牌的购买行为类型。消费者这样做并不是因为对产品不满意，而是为了寻求更多的尝试、比较和评价。市场领导者和挑战者会采取不同的营销方式。领导者会试图通过摆满商品货架，避免脱销以及经常做提醒广告来鼓励习惯性的购买行为。而挑战者会采用压低价格，提供各种优惠、赠券、免费样品以及以宣传试用新产品为特色的广告活动来刺激顾客进行产品品种选择。

（3）协调型购买行为。它是一种面对品牌差异小而购买风险大的产品，花费大量时间和精力去选购，购后又出现不满意、不平衡的心理，为寻求协调平衡而在使用过程中继续搜集产品信息的购买行为类型。针对这种购买行为类型，广告应向消费者提供有关产品评价的充分信息，使其在购买后坚信自己作了正确的决定。

（4）复杂型购买行为。它是一种面对品牌差异大的产品，广泛收集相关信息，慎重选择，仔细比较后才购买，以求降低风险的购买行为类型。当消费者购买一件贵重的、不常买的、有风险的且又非常有意义的产品时，购买会非常慎重。对于这种复杂型购买行为，媒体人员应采取有效措施帮助消费者了解产品性能及其相对重要性，并介绍产品优势及其给购买者带来的利益。此外，还有必要区别其品牌的特征，可以选择一些主要的印刷媒体和内容叙述较长的广告文稿来描述其产品的优点。

3. 消费者购买决策过程

在复杂型购买行为中，消费者购买决策过程由引起需要、收集信息、评价方案、决定购买、购后感觉和行为5个阶段构成。

（1）引起需要。消费者的需要往往由两种刺激引起，即内部刺激和外部刺激。应注意识别引起消费者某种需要和兴趣的环境，并充分注意到两方面的问题：一是注意了解那些与产品有实际或潜在关联的驱使力，二是消费者对某种产品的需求强度会随着时间的推移而变动，并且被一些诱因所触发。

（2）收集信息。开始搜寻可供选择参考的资讯，如看广告、上网搜寻、咨询亲友或是到销售点接触商品等。应对消费者使用的信息来源认真加以识别，并评价其各自的重要程度，以及询问消费者最初接收品牌信息时有何感觉等。

（3）评价方案。消费者把每个产品看成是各种不同的具有其寻找的利益和满足其需要的一组属性。大多数购买者会考虑几个属性，并对这些属性立即作出重要性不同的权数。如某消费者感兴趣的照相机属性为照片清晰度、摄影速度、相机大小、价格，并对这些属性作出重要性不同的权数，从中选择性价比最高的产品。

（4）决定购买。评价行为会使消费者对可供选择的品牌形成某种偏好，从而形成购买意图，进而购买所偏好的品牌。在购买意图和决定购买之间，有两种因素会起作用：一是别人的态度；二是意外情况。消费者修正、推迟或者回避作出某一购买决定，往往是受到了可觉察风险的影响。广告人必须了解引起消费者有风险感的那些因素，进而采取措施来减少消费者的可觉察风险。

（5）购后感觉和行为。开始使用，并评估购买的商品是否符合当初的期望。消费者在购买产品后会产生某种程度的满意感或不满意感，满足期望的商品即形成正面态度，无法满足期望的商品则形成负面态度。这种对品牌的态度将影响下次购买选择，而且透过阶段（2）的程序，使用经验后所形成的态度将影响周边消费者。

广告对销售的助益主要集中在上述消费者购买行为前的促成需求与决策形成上，尤其是在上述阶段（2）、阶段（3）、阶段（4）上，然而传播在购买后、使用中及品牌形象形成阶段，也提供认同及加强信心的功能，只是购买前偏向线上传播，可购买后则以线下活动为主。

3.3 媒体环境分析

媒体是广告信息得以传播的载体，对媒体的调查有助于确定广告具体选用哪种媒体或是哪几种媒体的组合。媒体在传播上的价值在于其接触人群，即接触人群的量、质及关系上。量是指媒体所拥有的接触人群的数量，质则是指接触人群的品质，关系则指接触人群与媒体的互动关系。

广告媒体的种类繁多，主要有报刊、广播、电视、直邮、户外媒体、售点媒体等。各种媒体的性质、功能、特点都有所不同，即使同一类型的媒体也有不同的覆盖面。因此，广告策划人员为了合理运用媒体，花最少的刊播费，取得最佳的传播效果，必须对广告媒体有详尽了解。

不同媒体由于自身特性与功能不同，其在传播中的价值也不一样。媒体策划人员在前置作业时，应该根据不同的媒体指标，考量商品营销地区的媒体环境。

3.3.1 电视媒体

电视环境的变化，主要观察下列指标的变化程度：

（1）当地电视机普及率。即一个国家或者一个地区拥有电视机的户数或人口数与总户数或总人口之比。

（2）有线电视普及率，机顶盒普及率，IPTV普及率。

（3）当地电视频道数，接受广告的商业频道数，各频道类型及覆盖率。以接受广告与否划分频道：商业频道，接受商业广告，以广告为主要营业收入；付费频道，频道不接受广告，以用户收视费为主要营业收入；非商业频道，不接受广告，用户也无需支付收视费，如公益频道、宗教频道等。以频道的节目内容划分，有综合频道、新闻频道、体育频道和综艺频道等，频道的划分通常带来收视族群的区隔。以传播方式划分：无线频道，包括全国频道、省频道和市频道，覆盖率主要受电视机普及率影响；卫星频道，用户可以蝶形接收器，接收直播卫星发出的电视信号，显像在用户电视终端；有线频道，用户通过有线系统接收，在一个地区内，不同的系统可能提供不同的频道及覆盖地区。

（4）各时段家庭开机率（HUT）及频道占有率，全年季节性变化。家庭开机率，是指在一天中的某一特定时间内，拥有电视机的家庭中收看节目的户数占总户数的比例。开机率是从整体的角度去了解家庭与个人或对象阶层的总和收视情况，主要的意义在于对同一市场、不同时期收视状况的了解。

（5）设定消费群在各时段的个人开机率（PUT）及频道占有率，PUT 全年季节性变化。个人开机率，指在特定时间内，所有收看任何电视节目的人口数占总（电视）人口数的百分比。个人开机率是从整体的角度去了解个人或对象阶层的总和收视情况，主要的意义在于对同一市场、不同时期收视状况的了解。

（6）各收视频道观众组合。昨日收看电视人口——所有频道及个别频道；过去 7 天收看电视人口——所有频道及个别频道；各时段及节目的观众组合——所有频道及个别频道（一般采用过去 7 天或更长时间的资料，以获取较常态资讯）。节目视听众占有率是指收看某一特定节目开机率的百分数，说明某一节目或电台在总收视或收视听众中占有的百分数。

（7）各频道节目安排行程，及各节目的目标消费群收视率及排名。

（8）各节目或时段广告定价及折扣，包括指定位置及特别节庆的加价等。

（9）各频道节目的千人成本（CPM）、点成本（CPRP）及排名。

（10）整体电视广告量、分品类、分时段、分频道及主要节目等。

（11）广告季节淡旺季，广告干扰度评估。

（12）广告段落安排（节前、节内、标版等），广告段落的数量及每个段落长度，广告秒数规定。

（13）广告购买渠道与机会。即可以通过哪些渠道去购买媒体，有无节目赞助、贴片广告或产品植入等机会。

（14）购买执行规定，如订单期限、确认期限、材料规格、审批程序、材料缴交期限、付款条件和审批程序等。

3.3.2 广播媒体

对于广播环境的考察，主要分析以下指标：

（1）收音机普及率，当地广播频道数，各频道覆盖率，接受广告的商业频道数。

（2）各时段 HUT 及全年季节性变化。

（3）各频道及时段收听率，目标消费群在各频道与时段的收听率，以及全年季节性变化。

（4）各频道观众组合，昨日收听广播人口，所有频道及个别频道各时各频道及时段的观众组合（一般是根据过去 7 天或更长时间资料分析以获取较常态资讯）。

（5）平均收听时数。即总人口及各个阶层每天平均开机时数。

（6）各频道节目行程安排。

（7）各节目的对象阶层收听率及排名。

（8）各节目或时段广告定价及折扣，包括指定位置及特别节庆等的加价等。

（9）各节目的 CPM/CPRP 及排名。

（10）广告季节淡旺季，广告干扰度评估。

（11）整体市场广播广告量，分品类、时段、频道，以及主要节目等。

（12）广告段落安排（节前、节内、标版等），广告段落的数量及每个段落长度，广告秒数规定。

（13）广告购买渠道与机会。即可以通过哪些渠道去购买媒体，有无节目赞助、贴片广告或产品植入等机会。

（14）购买执行规定，如订单期限、确认期限、材料规格、审批程序、材料缴交期限和付款条件等。

3.3.3　报纸媒体与杂志媒体

对于报纸媒体与杂志媒体的考察，主要分析以下指标：

（1）当地市场报刊数量和分类。以刊物内容划分，可分为综合类、时尚类、体育类、财经类、健康类、科技类等；以发行周期划分，可分为日刊、周刊、双周刊、月刊、季刊等；以刊物尺寸划分，可分为 32 开、16 开、8 开、对开等。

（2）该市场整体报纸及杂志广告量，分品类、报刊类型及主要刊物等。

（3）各主要报刊的计划编辑内容，以及最受读者欢迎的栏目。各报刊印刷品质，黑白或彩色，印刷网线等。

（4）各报刊发行量及全年季节性变化。发行量可分为：机关订阅发行量、个人订阅发行量、零售发行量、传阅发行量；付费发行量、免费发行量；宣称发行量、稽核发行量。

（5）目标消费群平均阅读报刊份数，平均阅读时数，阅读地点等。

（6）各报刊的读者组合。包括所有报刊及个别报刊的昨日阅读报刊人口，过去 7 天阅读报刊人口，过去 1 个月阅读报刊人口，过去 3 个月阅读报刊人口。

（7）各报刊的对象阶层阅读率及排名。

（8）各报刊广告定价及折扣，包括各种版面、版位及尺寸等。

（9）各报刊的 CPM 及排名。

（10）各刊物广告干扰度评估，广告页占总页数比率。

（11）广告淡旺季及广告售出比率。

（12）广告版面安排（封面、封底、内页等）及版位安排（栏/时、半版、全版、跨页等）。

（13）广告购买机会，即内文编辑配合机会、特刊合作机会、特殊版面购买弹性等。

（14）购买执行规定，如订单期限、确认期限、材料规格、审批程序、材料提缴期限和付款条件等。

3.3.4　户外媒体

户外媒体是存在于公共空间的一种传播介质，在某一地点结合环境，通过创意方式将广告信息传递给目标受众。户外媒体的广告主要指标有以下几点：

（1）市场上既有的户外媒体，主要考察其形式、地点、尺寸、数量、材质等。

（2）重要地点，如商业中心、交通枢纽、商场等的户外载具评估。

（3）市场区域人群特性，如商业区、住宅区、娱乐区等。特别关注目标消费群经常出入的路线与地点，包括流量人数及其年龄、性别、职业、收入等特性。

（4）该市场整体户外媒体广告量，分品类、媒体形式等。

（5）主要户外载具的供给方资讯与销售状况，媒体价格与价格弹性，最低合约期限与现有合约状况等。

（6）任何创新建立户外载具的机会、地点。

3.3.5　网络媒体

对于网络媒体的考察，主要分析以下指标：

（1）市场上网络使用者数量，以及统计层面特征，如年龄、性别、职业、收入等方面。

（2）网络使用者的上网地点，上网时数，媒体接触习惯等。

（3）各网站的客流量与使用者的组成。

（4）各网站的广告形式与价格。

（5）网站的 CPM 与排名。

（6）该市场整体网络广告量，分品类，分网站及功能等。

（7）该市场电子商务的普及率与销售状况。

以上的媒体环境分析基于常见的媒体运用形式，同时媒体策划人员需要考察营销区域内是否存在其他形式的非传统媒体。了解非传统媒体的形态，供给方资讯，价格及优缺点评估等，竞争品牌使用状况与运用机会。在系统化的作业中，媒体广告公司经常将上述资讯与数据整理成各市场的媒体环境报告，并定期更新，以利于相关人员对市场媒体环境的掌握。

3.4　竞争品牌媒体分析

竞争对手指的是在消费者同样的需求上，提供同有互等功能，且与本商品或服务具有相互取代作用的商品。竞争对手的界定划定了战局范围，确认商品将与哪些商品争夺市场。

对于竞争对手的分析，可以根据需求从不同的角度诠释竞争对手，从营销角度分析其营销策略，或从创意角度分析其品牌诉求，而在媒体角度上，主要是分析竞争品牌的媒体投资策略。

在竞争对手确定后，媒体上的分析方向主要是从整体行业、个别市场及竞争对手的3个角度进行分析。

（1）从整体行业的角度分析，包括整体行业媒体投播量、增长率，整体投播品牌数量及其增减，行业媒体组合比率，行业媒体投播季节性等。

（2）从市场的角度分析，包括各市场投播量、增长率，占全国比率及比率的变化，各市场中投播广告的品牌数量、数量变化，各市场中的主要品牌，投播量、增长率、占有率及其变化，各市场媒体组合比率及变化，市场投资的季节性及变化。

（3）从主要的竞争对手的角度分析，包括直接竞争对手在全国的投播量、增长率、占有率及其变化，在各市场的投资排名、比率分布状况，媒体组合运用，媒体投资季节性的变化，对不同类型广告活动的媒体比例设定及其变化。

一般而言，广告主对媒体投资大约有下列几种导向：

（1）营销导向。从整体营销的策略思考方向下，广告主制订媒体投资策略的重点是达成营销目标。广告主比较关注竞争环境，经常性地分析竞争对手动向，对于竞争变化的反应也比较迅速，因此容易形成竞争导向的投资策略。大多偏向在既定的品牌策略下长期操作，在投资上亦较不受短期销售的影响，因此在方向上比较稳定，在分析其媒体策略时，也比较容易观察出策略方向。

（2）销售导向。广告主是根据上阶段的销售利润的产出，制订下一阶段的媒体投资。相对于营销导向的前瞻性，销售导向则建立在品牌过去的业绩上，因此也容易成为财务导向作业。媒体投资的金额与策略必须视上一阶段的销售达成状况，因此在投资额与策略上，将依销售起伏而较不稳定，也比较不容易有长期固定的策略方向。

（3）其他导向。对某些广告主而言，媒体投资并非根据营销或销售，而是以其他诸如公关、政治甚至股票上市等为考虑因素。此类广告主并非从策略性角度思考与操作，所以难以确认其投资模式。同时，此类导向广告主媒体投资的着眼点大多并不在品牌或销售上，因此也不需以媒体对品牌建设或销售的助益角度加以评估。

第4章　广告媒体策略

4.1　广告媒体策划的目标

营销目标是指一个企业在一个特定的期限内要完成的经营任务或经营努力的方向。衡量营销目标的指标有很多,其中最主要的指标有销售额、市场占有率、利润率、投资回报等。从这些指标可以看出,营销目标其实就是要获得消费者的消费行为。

当营销的对象以既有消费者为主,主要通过提高既有消费者的使用频次来增加销售额。那么,广告媒体的覆盖以品牌既有消费者为主,媒体传送量必须保持足以让消费者对品牌维持认知与记忆。

当营销的对象以竞争品牌的消费者为主,采取的是竞争导向的营销策略。那么,广告媒体目标设定应在竞争优势上,包括区域选择、媒体行程设定以及到达率与接触频率的制订。

通过关注消费者生活形态以及与品类的互动关系探索广告媒体怎样在消费者日常生活的决策与购买行程中找到切入点。不管是针对既有消费者还是新消费者,都应从他们生活轨迹中寻找与广告媒体的关键接触点,完成广告媒体对目标消费者的覆盖,以唤起消费者的需求与购买行为。

营销目标通过销售额的增长这种有形的数据来衡量,品牌的传播效果通常体现在消费者对产品态度的变化及观念的转变,在于无形的心理层面上。

品牌的传播目标以知名度为主时,那么广告媒体的目标消费者划分广泛,广告媒体需要获得较高的有效到达率。如果品牌在传播上以理解度为主,则应该选择较为理性诉求、能够获得较高注意度的广告媒体来营造品牌优势说明。如果品牌传播主要在提升偏好度,则应选择目标消费者具偏好的、质化观感较高的广告媒体。

广告媒体策划目标的量化指标是达到多少的毛评点,确保多少的到达率、有效到达率或暴露频次等,可以说广告媒体的目标主要是对目标消费者的覆盖,并且在不同的营销目标和传播任务下,侧重点需要有所不同。

4.2　确定目标消费者

4.2.1　消费群的细分

品牌的营销目标指向消费者的购买行为,传播目标指向消费者的心理状态,媒体目标是确定哪些是目标消费群及怎样进行覆盖。

20世纪50年代中期提出了市场细分的概念。市场细分的目的主要是改变"场是同质的"认识,对不同需求的消费者有针对性地提供不同的产品。

消费群细分的目的在于明确消费者需求和消费习惯是有差异的。特别像香水、红酒和茶这些非生活必需的快消品市场，经常呈现二八结构：20%的消费者占据了80%的销售额，而80%的消费者才消耗20%的商品，重度消费者的投资效益和媒体目标完成度远远高于其他等级的消费者。

1. 根据品牌使用量细分

在品牌的既有消费者中，每个人消费的频率和使用量都是不相同的，按照这个划分，可以分为重度消费者、中度消费者和轻度消费者。中度消费者的消费量相当于平均值，重度消费者的消费量明显大于平均值，轻度消费者显著小于平均值。

这3个层级消费者是根据目前既已完成的销售来制定的，但是媒体投资的目标指向之后的销售额，所以要明确重、中、轻级是可以改变的。既已存在的轻重级别之分并不是消费者的本质属性，而是由于某些因素背景所造成。因此，在不同的营销需求下，广告媒体针对的目标消费群不一定就是投资效益高的重度消费者：

（1）面对市场竞争，营销的目的在于保持既有的销售额，考虑投资回报率，媒体应将资源优先集中于重级使用者。

（2）在积极的营销态势下，品牌需要把中度甚至轻度消费者变成重度消费者，所以就以所有的既有消费者为诉求对象。

（3）当品牌处于强力扩张营销态势下，品牌不仅需要现有消费者加深已有的购买行为，还需要把竞争对手或者其他品类的消费者变成自己的消费者，所以广告媒体需要有针对性地覆盖这些潜在消费者。

2. 根据在消费行为中扮演的角色细分

在消费者的购买行为过程中，消费者往往会扮演各种角色，依照所扮演的角色不同，可以细分为4种，即发起者、购买者、使用者及影响者，如图4-1所示。

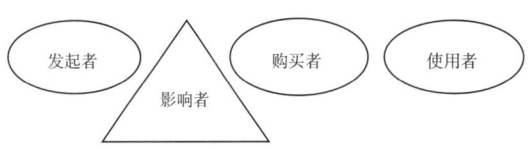

图4-1 消费者细分

发起者指的是首先发起购买该项品类的消费者，为最早形成购买动机发起者。

影响者指的是对该项产品购买具有影响力的族群，包括提供专业建议、品牌使用经验甚至购买地点等。

购买者指的是一般认为的消费者，即实际执行购买行为的消费者。

使用者则是购买之后实际使用该商品或服务的消费者。

完整的购买行为是发起者发起购买该项品类的诉求，然后影响者提供各种建议或经验来影响品牌选择，购买者实施购买行为，最后使用者使用品牌产品。比如说，学院更换了新修的教学楼，院长向学校申请购买一批新的器材，院长就是品类的发起者。然后学院的行政人员进行采购，采购过程中会受到器材销售人员的影响，这些销售人员就是影响者，行政人员是购买者。器材采购回来之后，学院的老师和学生就是使用者。

在所有的购买行为中，促成最后的品牌购买的4个角色所承担的任务和重要性都不一样，其中就存在决策的主导者。一般来说，关心度越高，参与决策的人数就越多；而关心度越低，参与决策的人数就越多。但是购买行为的这4个角色的每个角色不一定都是由一个人扮演，比如说例子中的购买者，可能负责采购的有一些人。也不一定每个角色都由不同的人来扮演，比如说一个人去超市购买生活日用品，这4个角色就只有一个人担任。

在不同的品类购买行为中,决策的角色都会存在一些共性:对于普及率较低的品类,发起者对于品牌的选择有绝对的影响力;对想要提高使用频率的品牌而言,使用者将扮演重要角色;对于品质辨识比较困难的品类来说,在决策中扮演意见领袖影响者的作用非常重要。也就是说,在不同的品类和品牌营销态势下,4个角色的互动中会出现决策主导性的强弱,从投资回报率来说广告媒体需要锁定决策主导性强的角色进行覆盖。

3. 根据品牌的购买风险细分

消费者产生购买行为是为了得到满足。但是在付出金钱与取得满足过程中必定会有无法获得满足的风险,特别是对初次使用的品类和品牌,这种风险更具不可预知性。按照品类与消费者之间的关系,购买风险一般可以分为3种,即产品功能风险、社会形象风险及自我形象风险。

产品功能风险是纯粹对于产品本身理性及物质的风险,即消费者单纯从产品本身的功能获得满足的风险。社会形象风险是对大众认知的风险,即消费者在使用购买的产品或服务时,在旁人眼中形象上所冒的风险。自我形象风险是自我认知的风险,即消费者在使用购买的商品或服务时,在心理上对自我感觉与形象上所能带来的满足的风险。

3种购买风险的高低,使得广告媒体在传播上应该有选择性地克服消费者的不同顾虑。表4-1给出了6个品类的产品功能风险、社会形象风险和自我形象风险。

表4-1　　　　6个品类的产品功能风险、社会形象风险和自我形象风险

品类	产品功能风险	社会形象风险	自我形象风险
手机	高	高	中
电视	高	低	低
护肤品	中	中	高
维生素	中	低	高
包	低	高	中
服装	低	高	高

就拿手机来说,消费者购买手机的时候不仅在意手机的功能,还在意使用该手机给社会展现的形象,但是对自我认知上的形象要求没有那么高。如iPhone用户除了在乎产品本身的功能,还在意产品带来的社会形象认知能够给他们带来愉悦。而护肤品品类的各品牌之间的产品的差异性不强,消费者只在乎使用该护肤品对自己产生的自我认知上的满足,价格上的差异主要体现在产品所带来的自我形象。服装本身的产品功能都是用来保健、保暖,所以产品的功能风险都很低;但是消费者更在乎通过服装向社会彰显自身的风格和品味,并且在心理上获得自我感觉的满足。

4.2.2　目标消费者统计变项

在消费者购买行为中,依据消费量的多寡界定的轻重级别,依据消费角色的不同界定的4种角色等方式将消费群进行细分。不同的细分群体对于各种购买风险的在意程度呈现差异性。因此,广告媒体想要到达目标消费者,必须首先通过各种统计变项将目标消费群与其他的消费者区分开,由无差异化的大群体分成具有不同价值的群体,并且深层了解他们的心理和行为习惯。从他们的行为方式和心理上找到能够契合他们需求并能带来效益的

突破口，达到营销和传播的目的。

消费者群的统计变量主要包括人口统计变量，如性别、年龄、婚姻状况、受教育程度、职业、家庭收入及个人收入等；而真正的消费者是各有不同意识形态与情绪的复杂个体，因此消费者的统计变量还包括心理变量。在同样人口统计层面描述的消费者包括各种不同的心理层面。如表 4-2 中两个消费者的对比可以显示同样的人口统计变量下心理变项在定义消费者时的功能。

表 4-2　　　　　　　　　　　两消费者的统计变项的对比

项目	消费者 I	消费者 II
人口统计变项描述	女；15～24 岁；单身；大专以上学历；一般职员；月收入 2000～4999 元；性格内向、孤僻、敏感；兴趣专一	女；15～24 岁；单身；大专以上学历；一般职员；月收入 2000～4999 元；性格冲动、易怒；兴趣强烈而持久
心理层面变项描述	情绪上比较平静、不易动情，情感发生缓慢而持久、不易改变；行为方面表现为动作迟缓。胆小、不喜欢抛头露面，反应迟钝但也会表现出伤感、沮丧、忧郁、深沉、悲观等不良心理特征	情绪上易受感动，情感一旦发生就会强烈且持久；行为方面的表现为积极参加各种活动，有创新精神、工作积极，遇到困难时能以极大毅力去克服困难。但也会表现缺乏自制性、粗暴和急躁、易生气、易激动

从表 4-2 中可以看出，虽然消费者 I 和消费者 II 的人口统计变量完全一样，但是心理层面的变量不一样。消费者 I 和消费者 II 的性格差异直接导致他们的生活方式的差异，与广告媒体的接触点、接触深度以及对广告内容的接收程度等都不一样，所以在对他们进行覆盖的媒体选择和广告诉求方面也会不一样。

心理变量与消费者所处的地域和当地的社会文化等息息相关，因此在心理层面的分类上，不同的地域人文也会导致分类上的差异。以下是 20 世纪 70 年代的美国学者 Simmons Market Research Bureau 和 20 世纪 80 年代中国台湾学者所作的分类：

20 世纪 70 年代，美国 Simmons Market Research Bureau 提出下列的 14 种分类：

（1）活跃而精力充沛，行动导向。

（2）谦恭而合作，有礼貌且追求和谐。

（3）自我控制，冷静且情绪平稳。

（4）冒险取向，愿意冒风险尝试新事物。

（5）乐观外向，心情愉悦，经常往外跑。

（6）实际，现实取向，且有条不紊。

（7）和缓稳定，不会闷闷不乐或苦恼怨叹。

（8）影响支配，擅长说服别人使之接受其看法。

（9）仁慈体贴，具有同情心且为别人考虑周到。

（10）客观合理，不会霸道、顽固或压制别人。

（11）追根究底，凡事追求理性解答，喜欢探询别人的看法。

（12）自信，相信自己的判断，对自己很有把握。

（13）直觉反应，经常在瞬间形成看法并做出决定。

（14）公平分享，不自私自利或完全以自我为中心。

以下是中国台湾在 20 世纪 80 年代所作的心理层面调查中的主要分类：

（1）积极追求成就。努力工作，相信生活一定可以靠奋斗获得成功。

（2）批判而不满足。对事物的看法强烈，且经常表现对现象的批判，喜欢尝试新事物。

（3）传统家庭分子。保守而稳定，以家庭为生活中心，过朝九晚五的日子。

（4）忧天杞人。悲观而郁闷，对事情多抱负面消极看法，挑剔且经常做最坏打算。

（5）现实主义。以理性的利害衡量一切事物，冷静而实际，以性价比为品牌衡量标准。

（6）宿命无为。相信一切都是命中注定，对事情抱无所谓、没意见的态度，品牌意识低落。

4.3 广告媒体的选择与组合

消费者选择媒体的方式实际上是根据媒体能够给予提供怎样的娱乐和信息来决定的。受众对媒体的满意度差别通常会影响到受众对于媒体本身的注意度，包括对其中广告信息的注意度。当受众形容某些媒体特征的时候，用像权威性、冷漠、热情、煽动性、领导者、强烈或软弱等词语来表达时，说明受众对这些媒体在情感上有了一定的联系。但是对媒体的感情不一定可以推广到其中的广告中，甚至购买广告中的产品。所以单单考虑媒体对目标消费者的覆盖程度进行选择风险太大。媒体的选择不仅只是以目标消费者接触机会为标准，还需要考虑广告预算、媒体特性和产品特点。因此，对于广告媒体的选择不仅要考虑到媒体的覆盖率，而是应该考虑媒体与目标消费者之间更深层次的关系。

4.3.1 各类别广告媒体的特性

媒体与目标消费者的接触点通过对消费者统计变量调查结果和消费者洞察来了解，广告预算是在营销预算中固定的一部分。所以首先介绍一下媒体特性对媒体选择的影响。自古以来，报纸、杂志等印刷媒体是偏向理性的，这类媒体在形成和引导社会舆论方面具有不可磨灭的作用。而广播、电视等媒体的特性是偏向感性的，它们与印刷媒体相比，理性诉求上并不具有优势，但在感性诉求方面则更胜一筹，能发挥更大的作用。媒体的其他特性包括覆盖面、实效性、影响力等都决定了媒体的选择方向。以下对各类媒体进行逐个分析。

1. 电视媒体

根据央视市场研究（CTR）发布的中国广告监测数据，2011年全国广告投放总额达到6693亿元人民币，比去年同比增长13%，广告投放额占据绝对优势地位。排名第一位的行业仍然是化妆品/浴室用品行业，近年来饮料行业异军突起，广告投放额超过药品和食品行业，排在第二位。接下来依次是食品、药品、商业及服务性行业、娱乐休闲、酒精类饮品、交通、邮电通信、清洁用品等。

从这些市场调研结果可以看出，电视广告中领先的大部分是快速消费品。在快速消费品市场中，品牌的产品之间的差异越来越小，从产品本身进行的基本上是同质的竞争。从购买风险的维度来说，这类品牌的产品功能风险非常低，而社会形象风险也不高，自我形象的风险却是非常高的。消费者面临的最大风险是品牌带给自己的自我满足感和认同感。所以这类产品的诉求点往往是寻求目标消费者从感情和心理上的认同。

电视媒体的线性传播模式和声画结合的方式最适合呈现的是感性诉求的广告。电视媒体从媒体覆盖面和受众的收听习惯来说都是高于其他媒体的，因此对于这些存在于人们生活中的快速消费品来说，电视媒体是最合适的选择。

由此来看，电视媒体在品牌营销和品牌传播上所具有的特性在于几个关键词：感性、广度、权威。限制广告媒体选择最重要的一个因素还有广告预算，由于电视媒体广大而又忠诚的受众群以及它在中国无可撼动的权威性，因此电视媒体的广告投入是最高的。

2. 广播媒体

自从电视媒体出现和普及之后，广播媒体被一路唱衰。自从大众媒体的主体地位没落之后，经过一段时间的沉寂，近年来主要在高端受众中找到了突破。2011年广播媒体广告投放持续增长，以同比增幅28%涨领传统媒体。与其他媒体相比，广播广告的费用偏低，但是这并不意味着广播广告的效果就不好。由于广播的收听人群从一般家庭转向移动人群，其中主要的广告来源是拥有私家车的受众。广播本身具有强烈的针对性，那么以广播受众为目标消费者的品牌通过广播的有效达到率就非常可观。

截至2011年年底，我国的汽车保有量达10578.77万辆，是1991年的17倍，其中私人汽车拥有量7872万辆，增长率达20.4%，我国已经进入汽车消费时代。有数据显示，90%以上的驾车人士在塞车的时候通常都会收听广播，除了交通消息以外，音乐、娱乐节目、新闻资讯、甚至广播剧等也都是驾车人士喜欢收听的节目，这都可以成为广播广告的媒体载具。

3. 报纸媒体

2011年报纸的增幅为同比的11%，报纸广告总量中高达98%以上的广告是投向地方性报纸的。实际上，报纸是极具地方区域特性的媒体。从21世纪初的晚报崛起，到现在都市报的强势地位，报纸的受众主要是本地市民。更何况中国报业的监管机制，发行的报纸实际上很难打入外地市场。报纸作为广告媒体的区域特性就非常明显，在广告的区域策略中占据非常重要的地位。报纸广告资源中，起决定性作用的往往是广告量前3位的行业，即房地产、汽车和零售服务。

由于报纸的主要内容为新闻，发行周期也非常短。所以虽然报纸比较适于理性诉求的广告，但是承载的广告所产生的说服效果其实有待考究。这就要求投放报纸媒体广告的频次和周期会相应做一些调整。

4. 杂志媒体

杂志媒体由于价格因素，它的发行量和覆盖面比不上报纸，但是它在覆盖的广度上是报纸无法匹敌的。《2011年上半年中国期刊广告收入前20位排行及行业分析》中显示，《时尚伊人》居于榜首，《世界时装之苑ELLE》、《周末画报》位列前3。位居前10位的均为时尚类杂志，广告收入均超过2亿元，时尚类杂志单期广告收入高达3000万~5000万元。杂志媒体的受众往往是具有共同的兴趣、爱好等心理共同点的，杂志一般都有固定的内容类型，比如说汽车类杂志、时尚类杂志、IT类杂志等。

因此，跟广播媒体类似，杂志给广告主提供的是的阅读人口固定、兴趣爱好相似。但是杂志的周期长，传播速度较慢，一般适于具有长期营销目标的广告主。

5. 户外媒体

2011年我国户外广告投放总额达515亿元，同比增长14%，而LED户外电子屏广告市场规模达到12.15亿元，同比增长35.5%。据易观国际预测，从2008年起，我国LED户外电子屏广告市场规模将连续7年保持年均28%以上的增长，在2012年达到15.5亿元，2015 年更将增长至 27.6 亿元。户外电子屏广告市场规模在户外广告市场中所占份额较大，所含广告主数量也较多。

户外媒体有非常强的区域性，因此户外媒体的价值在于所在地的消费者，一般是消费者作息沿线途经之路。所以，户外媒体给予消费者的阅读时间非常短，只能提供提醒的功能。

6. 电影院媒体

2011 年全年生产的各类电影总产量达到 791 部；全国电影总票房达到 131.15 亿元，较 2010 年增长 28.93%。全国城市影院数量突破 2800 家，银幕总数达到 9200 多块。根据艺恩娱乐决策智库 enBase 数据库显示，2011 年城市影院观影人次为 3.7 亿左右。虽然院线电影的盈利主要依靠票房收入，但是电影院广告仍是电影院的收入增加方式。形式从早期的院线贴片或电影跟片的形式，发展到以电影院为核心的传播媒体组合，即以消费者看电影的动线设计整合传播平台，包括购票厅与休息厅的电视荧幕、灯箱、海报等媒体，利用休息厅展开的路演或促销活动，一直到常规的贴片广告及放映厅的布幕等。而近年间的电影植入广告更是在电影公映之前将成本已经部分或者完全回收。

在电影院这个封闭的环境中，各种视听设备的冲击和受众的注意力程度决定了电影院广告能够承载比较多和深刻的内容。而且在观看的时候，消费者往往是跟至交好友、爱人家人一起的，形成了共同决定人群对传播信息的共同收视。许多购买决策制定中，发起者、购买者、使用者及影响者往往是这些亲密关系的人。如此，能够让影响决策的消费者角色尽量接收到广告信息，对品牌的购买决策的形成具有较大的推动力。

7. 网络媒体

2011 年中国互联网广告市场媒体收入规模达到 511.9 亿元人民币，成为仅次于电视广告收入的媒体。互联网广告直接催生很多大的行业巨头的产生，尤其是在搜索广告领域，2011 年中国搜索市场规模达到 187.8 亿元，其中百度收入预计会超过 140 亿元，已经成为央视之后第二大广告平台。视频广告则呈现了爆发式的发展态势，过去几年以及今年都有年度翻番的增长。但国内视频网站广告的形式和内容更像是电视、影院从传统媒体市场到互联网的延伸，并没有因为载体的特性呈现出新的态势。

技术给人带来了营销新趋向，由于后台巨大的数据库作为支撑，互联网提供了更多样化、精准化、垂直化、智能化的广告方式。

各种媒体提供的广告载体各有特色，但是都只能在消费者生活中占据一定的位置。具体的广告媒体的选择需要根据营销目标和传播目的来确定。

4.3.2 媒体组合策略

从传播的心理效果上看，受众从媒体上得到的信息大部分属于短时记忆，短时记忆持续的时间一般是 5s 到 2min。一般通过在一定时间内重复记忆的方法让短时记忆多次出现，才能让广告信息转入到长时记忆，那么在产生购买欲望的时候就能从记忆中调出广告信息。随着大生产和商品同质化的到来，如今任何一种产品都在某种程度上无法满足所有的消费者。同样，在信息爆炸和媒体惨烈竞争的今天，任何一种媒体也无法满足所有的受众，在消费者一天的生活中永远不可能只和一种媒体接触。因此，要想让广告信息进入长时记忆系统，通常通过媒体的组合搭配达到在规定时间内让消费者获得多次记忆的机会。

媒体在分类上存在两个层级，即媒体类别和媒体载具。

媒体类别是根据媒体传播方式与特性归类的，指的是电视、广播、报纸、杂志或网络等大类上的划分。

媒体载具是在媒体类别下，再细分个别实际与受众产生接触的媒体载具。如电视节目《焦点访谈》、《快乐大本营》，报纸《南方都市报》或杂志《瑞丽》。

媒体在策略上的选择与组合，就是确定广告活动中使用到的媒体类别和媒体载具，并且以相互组合的形式出现。媒体的选择策略需要考虑以下问题：

（1）品牌与媒体的契合度。

（2）媒体与目标消费者的关系。

（3）目标消费者与媒体的触点。

（4）广告媒体策划创造的竞争优势。

（5）预算限制与媒体分工组合。

这是品牌的媒体选择与组合策略的5个思考步骤，思考方式一般来说是可逆的。

1. 媒体与品牌的契合度

经过长时间的培养，媒体从内容、形式、个性等方面养成了受众的使用习惯、认知和态度，这将媒体受众从所有大众中抽离出来，组成了一个具有很多相似点的群体。可以说，通过与受众互动中，媒体所呈现的或者想要呈现的都是能够满足受众需求的信息。

从内容方面来说，媒体给受众所呈现各种各样的信息，所呈现的内容都会有所侧重，比如说都市报侧重于本地新闻，电视娱乐频道侧重于娱乐节目。媒体的受众对于这些信息肯定是有所偏好的，因此媒体内容与商品品类相关性越高，媒体的受众对于商品的偏好也就越明显。

另外，由于各种媒体在表现形式上呈现各种差异，创意表现的方式也是不尽相同，造成媒体受众对广告创意承载能力的差异。如以表现色彩为主的化妆品品类在媒体类别选择上就必须是有画面承载能力的媒体。化妆品的品牌个性跟媒体在受众印象中的一贯形象也必须符合。因为媒体的形象已经被媒体受众认同并且接纳，而品牌具有的特殊形象与个性所吸引的是欣赏这些的消费群。那么，具有类似形象的媒体能够给品牌提供适合的消费群。

2. 媒体与目标消费者的关系

媒体与目标消费者的关系主要体现在两者互动中，即媒体对目标消费者的覆盖面和覆盖时间、目标消费者对媒体的认同度和情感、媒体对目标消费者接受信息的强制性程度。

广告媒体的选择首先要考虑的是媒体对于目标消费者的覆盖程度和速度。首先要明确各个类别、各种载具的媒体覆盖的受众。在不同营销目标下，品牌要求的媒体对目标消费者的覆盖也会有差别。导入期的产品，或是针对小众市场的产品，要求不超过事实需要的媒体覆盖。在覆盖时间上，对于促销信息而言，在达成所需覆盖的时间上，以两周或两个月的时间为周期，电视媒体与户外媒体在效果上截然不同。

品牌的传播目标一般在于目标消费者认知、情感偏好、忠诚度等，媒体在观众心目中的或理性或感性的形象、受众对媒体的情感或深或浅的程度以及受众的忠诚度，都可以作为传播效果预估的依据。当品牌的传播目标在于认知层面，那么无疑理性形象的媒体是最好的选择；当传播在于提升目标消费者对品牌的情感层面，那么必须得选择感性、情感强烈的媒体。因为目标消费者对这类媒体传达的信息的认同感会有差异。

另外，由于消费者对电视、广播等线性播出的电播媒体强制性比较高，消费者在对广告信息接受上，比较难以主动做出选择。而对于平面媒体，消费者的阅读方式不再是线性，而是根据偏好主动选择信息，因而强制性较低。

对于关心度较低的品类，由于消费者对该品类并不刻意关注，因此对该品类广告所投注的注意力相对也较低，广告安排在低强制性媒体上，将因消费者对信息接收的主动过滤，而使广告效果大为降低。品类关心度较高的商品，人们关心他们所关心的，对于关心度较高的品类而言，消费者在进入购买决策程序之后，将主动收集寻找相关商品资讯，媒体的强制与否对信息的接收影响较低，且关心度高的品类，消费者购买决定所需行程较长，所需的资讯量较大，因此在媒体类别选择也偏向以阅读性较高印刷媒体或比较性较强的网络媒体为主。

3. 从消费者生活轨迹中找到与媒体的接触点

消费者的生活轨迹主要有两个维度，即时间和行为。调查目标消费者的生活轨迹主要是了解目标消费者在何时、何地、做什么，从生活轨迹中找到目标消费者在某个时间点、某个空间点主要的行为和心理状态。接触点是品牌广告活动的最终表现，在目标消费者的生活轨迹中找到与各类媒体的接触点是媒介选择最有力的根据。消费者因为人口统计变项的差异，特别是职业或生活形态的影响，在各自不同的生活轨迹中与媒体接触会存在差异。

消费者的生活轨迹可以说明在日常生活中，不同的时间在哪里、干什么，并以此推论出消费者的大致心理状况，找到最适合施加于广告媒体接触的时间以及最合适的媒体形式。根据不同的营销目标，设定消费者在一段时间内与广告的接触率。除了年龄之外，前文所说的统计变项都能将目标消费者进行细分。

4. 竞争优势

投放占有率（Share Of Spending, SOS）与音量占有率（Share Of Voice, SOV）是衡量品牌竞争态势的主要方式。投放占有率指品牌广告的媒体投资额占该类商品广告的媒体投资总额的百分比；音量占有率指品牌商品广告的总收视点占该类商品广告的总收视点的比例。这两个标准用来评估在媒体类别或载具上，品牌和竞争品牌在投资额与接触人次上的占有率。SOS 与 SOV 都是以信息传送量来计算的：在一个媒体类别或载具中，品牌传送量占有品类所有传送量的百分比。通过与竞争品牌的 SOS 和 SOV 对比，了解品牌在广告媒体方面的优、劣势。事实上，在庞大的媒体广告量与嘈杂的音量环境下，个别品牌期望在大的媒体类别中获得高度占有率，将需要庞大的媒体预算，并导致投资效率的低落，所以此时需要对媒体区域进行细分，选择合适的媒体，获得占有率上的优势。

5. 预算限制

由于广告媒体策划是属于营销策划之中的，任何的经济活动要考虑投资回报率，都有一定的投资额度。因此，广告媒体的选择就必须尽量集中在投资回报率最高的媒体上。广告媒体经过上述各种分析方法选择之后，给每个媒体划分需要达成的任务，根据这些任务的主次形成主要媒体、次要媒体及辅助媒体等层级。根据营销目标和传播目的制订媒体选择的优先顺序，在预算充裕的情况下可以往下选择多种媒体，而在预算紧缺，必须有所取舍的情况下，则由下往上删减。值得注意的是，电波媒体的时间媒体特性，在投资量上有其最低门槛限制，投资不足将造成资源的浪费。

4.4 到达率与频次

各种媒体承载的广告投放后所产生的传播效果可以分为两种：一种是量的形式，像媒体广告的接触人数；另一种是质的形式，即广告的说服效果，指的是广告针对某一产品或服务进行说服的深度。量的传播效果形式可以对各种数据和资料进行调查和分析来得到，它可以从媒体广告分布、媒体视听众和广告视听众这几个方面来进行；质的形式指广告通过媒体传送的信息对受众造成的无法进行量化的影响，比如说消费者对广告和产品的接受程度、对广告和产品的态度。

广告的效果一般来说是在投放之后进行评估。媒体传播需要次数的累积才能产生效果，然而过度积累次数将造成资源的浪费。但是在广告媒体策划时，同样需要对广告媒体的投放效果进行预估。在投放之前往往要回答这样一个问题：需要投放多少广告才能得到预期的效果呢？所以在广告媒体策划的时候，必须从具体的操作层面提出广告媒体信息传送的量化标准，下面首先介绍相关的概念。

4.4.1 基本概念

档次：指一则广告在电波媒体上的出现，出现的次数叫档数。

到达率：指目标消费者在一定的期间内（通常指的是4周内），暴露于广告信息一次或一次以上，非重复计算的人口比率，亦称净到达率。

覆盖率：是评估某一广告媒体、某一广告或广告活动等在特定时期内传达到特定目标视听众程度的比例指标。它与到达率都是用来表示特定目标消费者、目标视听众有机会接触某媒体，看到或听到某广告的百分比例。

总收视点（Gross Rating Point，GRP）：专指电波媒体，尤其是电视媒体，为所有播出档次收视率的总和，总收视点同时也等于到达率 R 乘以平均接触频次 F（GRP=RF），因此在GRP固定的情况下，到达率与接触频率成反比关系，即要求高到达率，代表必须降低接触频次；反之，高接触频次即必须以低到达率作为代价。

平均接触频次：平均接触频次（F），即在一定期间内（通常指4周），接触过广告信息的目标消费者的平均接触次数，计算方式为总收视点除以到达率，即 GRP/R。平均次数可能出现小数点位，如4.5次，这只是个数理值，并非发生在消费者身上的实际数值。因此，在进行分析时，经常运用接触频次分布以及有效接触频次，以更清楚地了解消费者对媒体的接触状况及传播效果。

接触频次分布：接触频次分布指的是各接触次数目标消费者的比率，即接触过广告0次、1次、2次、3次等的目标消费者，其所占整体目标消费者的比率。

有效接触频次：广告信息产生说服效果，所须让消费者接触的次数。这是在进行媒体分析时经常用到的非常重要的概念。

另外，还有一些标准是根据消费者接收到的信息所提出来的。这些标准在广告媒体策划中，只能凭借各种市场调查结果和经验判断广告媒体的传送量下，能否得到消费者一定的接受量。广告效果追踪调查的目的是监视广告媒体露出之后的效果，以便随时调整改善传播方式和广告媒体。因此，从媒体露出之后开始进行广告效果追踪调查，主要的衡量标准如下：

净到达率：媒体投放一段时间后（4周），所显示接触频次为一次或以上的消费者比率。

总知名度：在媒体覆盖下，一部分消费者对传播信息能产生记忆。

未提示知名度：在总知名度中，有一部分消费者不需提示即能回忆起传播信息。

第一提及知名度：在未提示知名度里，消费者在回忆传播信息的品牌中第一个提到的品牌为本品牌的比率。

信息理解比率：在知名的消费者中，有一部分正确地了解品牌传播的信息。

4.4.2 到达率和接触频次的侧重

媒体信息传送量的两个主要指标是到达率与接触频次。到达率是营销传播需求的角度，而接触频次则为传播效果的考量。在不同的营销和传播目标下，两者相互博弈，到达率和接触频次强调的程度肯定会有一些差别。

一般来说，在市场上计划推出某种"新"东西的时候，就会强调到达率。这里的"新"是一个比较宽的概念，不仅指新的产品，还可以是产品更新、价格变化等情况。当营销重点在于增长既有消费者的消费行为和认知深度而不是广泛散布的时候，更强调接触频次。

消费者每天见惯了各种庞杂的信息，由于信息过度泛滥，广告在消费者的生活中往往在寻找有用信息中以障碍的方式存在，比如说长期以来的电视节目插播广告，所以对于广告的态度经常处于负面。所以一般来说，消费者对于广告信息并不会做出响应，除非有能给他们带来新的利益点的信息。新的利益点能够让消费者受益，所以信息更容易被注意和认知，所以这时更强调该广告信息能够产生的到达率。下面列举了一些"新"的情况：新的流通范围（商店现在开始销售该品牌）、产品有了某种能满足消费者需求的新特性、新的促销活动、引入了该品牌的新型号、新的维修机会、新的家庭派送模式。

从操作层面来说，到底需要多少到达率才能够获得预期的广告效果呢？实际上只能根据该产品过去的传统、经验、常识，竞争对手的到达率和预算的范围内，以及在某个市场环境下针对特定品牌进行的调查。但在特定的营销态势中，仍然没有什么固定的方式能够知道哪种到达程度才是正确的。

由于消费者投入广告的注意程度往往是很低的，大多数情况下广告信息仅仅停留在短时记忆中，很难被彻底认知。所以只要有必要重复传递一条信息的时候，就应该重点强调频率而不是到达率。由于人的记忆遗忘特性，只有在短时间内多次记忆，才能够得到累积效果；否则，消费者每一次接触信息都像是第一次接触，之前所有的接触都浪费掉了。一般来说，市场激烈竞争下，不可能每个消费者在广告首次出现时就都能注意到，所以一种媒体的露出频率和其中广告的露出频率并不一样。很多媒体策划人认为，目标消费者至少要获得 3 次接触的机会，广告才有可能产生效果。

落实到具体的一次广告媒介策划中，到达率和频率都必须有预设。但由于预算和投资回报率的考量，必须有所侧重，广告媒体策划人必须在广告信息给消费者带来新的利益点和重复的边际效益中权衡孰重孰轻。

4.4.3 媒体到达率与接触频次特性

通常无法总结出像药剂量一样具体的数据特征来确定到达率和接触频次，也无法根据营销经验来统计出科学的到达率和接触频次的多少才算是合适。所以必须深入挖掘这两个标准的特性。

到达率呈现的特征是投放初期呈现快速增长，然后增速变缓，随着 GRP 的增长，到达率的增长变缓慢，终至停滞。初期，由于消费者未曾接触过广告信息，初次接触广告的消费者越来越多，所以随着媒体的使用，到达率增长迅速。随着时间的推移，越来越多的消费者多次接触，信息遗漏的消费者越来越少。

这给出的重要信息是：如果媒体在策略上所要求的是到达率，当到达率增速变缓时，广告媒体投资的边际效率越来越小，而当到达率增长已经呈现停滞状态时，则后续的投资将形同浪费。随着到达率的增长放缓，消费者的接触频次不停在累积。到后期，广告媒体露出主要造成频次上的累积。

还可以从目标消费者对媒体的轻重使用程度，确定广告媒体活动中到达率和接触频率的侧重。当广告的目标消费群是媒体的重度使用者时，到达率与接触频率的建立较快，此时到达率比较重要；当对象消费群为媒体轻级使用者，则到达率与接触频率的建立相对较困难，此时接触频率比较重要。因此，如果希望获得较高的到达率，应尽量将档次分配到受众重叠较少的载具上，也就是说，选择不在同一种消费者生活轨迹上的频道、节目、时段及节目形态；如果希望降低到达率以提高接触频次，则应该将档次集中在能跟同一种消费者生活轨迹上的媒体类别和媒体载具。

4.4.4 有效接触频次与有效到达率

尽管多年来人们广泛认为 3 次是有效接触频次的最低限，但是实际的消费者并不仅仅是假定的"靶子"，所以策划人不应该自动简单地假定这是每份广告媒体方案要实现的目标。

奥斯罗（Joseph Ostrow）在 1982 年广告调研基金会大会上提出了策划人应当首先考虑的一些变量。虽然影响有效频率的因素在不同的文化环境中会有差异存在，但是这个变量对设定有效频率会起到一定的指导作用。

奥斯罗认为，影响有效频率的因素有营销因素、文案因素和媒体因素这 3 种。品牌所处的不同生长周期、市场份额、品牌忠诚度、购买周期、品类特性等营销因素的差异，文案的复杂程度、独特程度、所含信息的多少等的文案因素的差异，以及宣传环境的复杂程度、媒体的注意程度、媒体的种类等媒体因素的差异，都会造成所需要的有效频率的差异。

4.5 媒体投放区域

媒体投放的区域策略主要指媒体在投资的地区选择以及各地区的预算分配。媒体投资的最终目的在于终端销售成果，由于各地区的人文、自然环境、品牌品类发展和消费水平、消费习惯等的差异，肯定存在获利能力和发展潜力上的不同。所以需要从投资效果的角度，在投资区域中根据获利能力制订优先顺序，在预算上进行差异化处理。

4.5.1 各区域市场获利能力评估

在对整个媒体区域制定策略时，应首先对各个区域的市场获利能力进行评估。市场评估的对象应放在目标消费者身上，评估该区域市场目标消费群的人数和收入情况、该品类和品牌在目标消费群中的发展和需求情况、该区域市场已有的铺货和渠道、媒体环境等。下面首先介绍两个评估区域市场中的品类和品牌发展状况的重要指标。

1. 品类和品牌发展状况

首先介绍一下评判发展状况的基本标准——品类发展指数与品牌发展指数，这两个指标从整体上判断该品类/品牌的发展状况。

品类发展指数（Category Development Index，CDI）：指品类在该地区的发展情况。品牌发展指数（Brand Development Index，BDI）：指品牌在该地区的发展情况。这两个指标是一个相对概念，具体的计算公式为

$$CDI = \frac{品类在该地区的销售占全国销售的比率}{该区人口占全国人口的比率} \times 100$$

$$BDI = \frac{品类在该地区的销售占全国销售的比率}{该区人口占全国人口的比率} \times 100$$

从公式中可以看出，公式假定的前提是该地区的消费水平和消费能力在全国处于平均水平。所以这两个指数在具体使用时存在一定的误差，误差是由于该区域的经济发展水平与全国平均水平之间的差异所带来的。所以在使用 CDI 和 BDI 作为品类或品牌在该地的发展水平的指标时需要考虑当地的经济水平与全国平均水平之间的差异。

CDI 和 BDI 是从相对值的角度来评判品类与品牌在该地区的发展状况，得出的结果有 3 种可能：大于 100 表明品类/品牌在该地的发展比其他区域好，等于 100 表明品类/品牌在该地的发展相当于全国的平均水平，小于 100 表明品类/品牌在该地的发展比其他地方要差一点。

根据 BDI 和 CDI 与 100 的关系，这两个指数维度可以通过一个数轴来表现 4 种情况的品牌和品类发展情况，如图 4-2 所示。意义在于，在具体的市场获利能力评估中，这 4 种情况可以作为品牌和品类发展情况的模型，便于进行类型化管理。

模型 1：金牛市场（BDI 和 CDI 均大于 100）

品类和品牌发展都高于全国平均水平，是最具潜力的市场，此类市场被称为"金牛市场"。此类市场具有较高的投资效果，常常是品牌销售和利润的主要来源。

模型 2：明星市场（BDI>100，CDI<100）

品类的发展低于全国平均水平，但是品牌发展高于全国平均水平，该市场的潜力

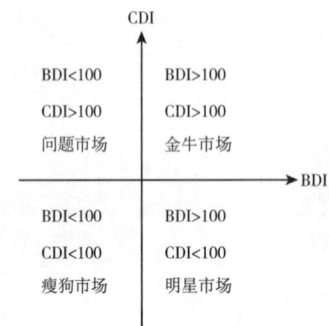

图 4-2 CDI 与 BDI 的 4 种模型

在于品类的发展前景，被称为"明星市场"。该区域市场中品牌发展已经很高了，但是品类的发展并不仅仅只需要一个品牌的发展。品牌在面对这类市场时，需要的是分析。在评估时，必须先分析CDI低落的原因：是因为该市场的品类的生命周期是处于导入期和成长期还是已经处于衰落期。如果处于导入期和成长期，品牌需要的是持久的投入，在品类进入成熟期之后，品牌的发展情况会更加乐观；如果品类已经处于衰落期，BDI所显示的只是处于滞后状态，此时的投资目的在于短期维持，长期将不再具有投资价值。

模型3：问题市场（BDI<100，CDI>100）

品类的发展高于全国平均水平，品牌的发展低于全国平均水平，这类情况被称为"问题市场"。CDI显示出市场对于该品类具有较高的接受度，品牌在这类市场中仍旧无法获得较高的发展，说明品牌本身在该地的发展战略存在问题。面对这种情况需要对BDI低落的原因做出深刻的评估，然后在整体策略上进行改进。

模型4：瘦狗市场（BDI<100，CDI<100）

品类和品牌的发展都低于全国平均水平，此类市场被称为"瘦狗市场"，市场开发价值最低。

这4种模型指出了各类市场的投资机会，但是这4类模型成立的前提是BDI和CDI具有相同的重要性。但是在不同的营销策略下，CDI和BDI的权值是存在差异的。可以通过运用加权方式赋予CDI和BDI不同的权值来解决：在积极扩张的营销策略中，品牌追求的是扩张市场。那么此时CDI的意义高于BDI，品类发展具优势的市场比品牌发展具优势的市场具有更高的投资价值。当品牌处于消极防御的营销策略中时，品牌追求的是固守既有市场。那么此时BDI的价值高于CDI，品牌发展优势的市场比品类发展具优势的市场具有更高的投资价值。

CDI是从整体对该品类在区域中的发展状况的量化标准，其他评判品类在区域的发展指标还包括品类销售、品类普及率、品类使用率和成长率等。

品类销售：指的是整体品类的销售数据，表示的是各市场的品类产业规模，其单位可以是数量（吨），也可以是产值（金额）。

品类普及率：指的是目标消费者中使用该品类的比率。例如，数码相机拥有的比率，表示的是品类被接受的程度。

品类使用率：为消费者对品类的使用频率。例如，使用咖啡的频率或使用维生素、香水等的频率，表示的是品类熟悉的程度。

成长率：指销售、普及率及使用率在固定时间内的增长率，呈现的是对品类现状的提升及其提升速度。

同样地，品牌在各区域市场的发展状况与前景也有一些具体的指标。

品牌销售：为品牌在各市场的销售状况、数量、金额及其增减。

品牌占有率：以人数为基础，为品牌使用者数量占有品类使用者的比率，若在数量或金额上，则指品牌的消费量或消费金额上的占有率。

品牌增长率：指的是在媒体计划执行期间内，品牌在销售与占有率上的增长目标。

这些指标相较于CDI和BDI来说，是从微观的、具体的层面着眼。在对一个区域市场进行分析的时候，根据CDI和BDI的数值与100进行对比，看看该区域市场是属于4

种模型中的哪一种。然后根据各种模型的特性，制定优先顺序。而从这些微观指标的分析中找到市场中存在问题的根源，通过营销手段来解决。

2. 区域市场中的目标消费群

区域市场中的目标消费群是市场潜力的最大值，而媒体投放的最终目的在于接触这些目标消费群。媒体进行区域市场投放的优先等级设置的最终目标是获得最优的投资回报率。所以目标消费群的消费能力和消费习惯是决定市场规模和发展前景的大小。

目标消费群的消费能力主要体现在目标消费者的数量和规模。对于生活用品、小食品一类的快消费品来说，消费能力主要是看目标消费者的数量；而对于单价较高的品类来说，消费能力主要是看目标消费者的收入情况。所以市场潜力的量化方式首先需要对市场中的目标消费者的数量和人均收入赋予加权指数，弄清这两者之间的重要性差异，然后才能得出该市场的潜力大小。

目标消费群对品牌的消费习惯通过在品牌认知上积累的资产来体现，即消费群在长期与品牌接触过程中，对品牌的认同感。这种认同感由两个标准组成：品牌知名度、品牌认知和形象。品牌知名度的量化标准为提示知名度、为提示知名度和第一提及知名度等。

3. 品牌铺货率和渠道

品牌铺货率指的是在某一区域销售本公司产品的零售商，占在该区域适合销售本公司产品的目标零售商总数的比率。渠道是商品与消费者的接触点，是商品成交的地方。

媒体投放的目的在于促成消费者的购买行为，但是消费者的购买行为的完整还受到品牌铺货率和渠道的限制。在铺货完整的区域市场中，媒体投放的成功就能够顺利地变成相当程度的销售。如果在铺货率为70%，那么就是有30%消费者无法取得品牌，就算媒体投放成功，那么这30%的消费者仍旧无法形成购买行为。比如，加多宝的渠道优势让消费者在任何街头路边的小卖店都能够买到，但是王老吉只能在大型超市才有铺货。那么就算消费者对王老吉这个品牌拥有非常高的忠诚度，但是没有取得方式仍然无法购买。所以说，铺货率与媒体投放的关系是：市场铺货因素是媒体投资的前提，只有市场具备一定的铺货率才具备媒体投资的条件。比如，在广州医药集团有限公司收回"王老吉"商标的使用权之后，在王老吉与加多宝的凉茶市场的争夺战中，刚开始王老吉的广告投放量大大低于加多宝的广告投放量。这是因为加多宝拥有完整的营销渠道和较大的铺货量，而这却是广药集团"王老吉"的短板。广药集团在收回"王老吉"商标之后，第一个大举措便是建造营销团队来增加铺货量。当品牌的铺货分布严重偏离市场机会时，很可能造成媒体投放效益的低下，但是较少的媒体投放在避免媒体资源浪费的时候也会相对放弃市场机会，长期则将限制品牌的成长。品牌铺货率与渠道跟媒体投放的关系其实进一步验证了经济学中的"马太效应"。

但是媒体露出所造成的消费者需求对经销渠道的进货意愿有一定的提升作用。所以在铺货率较低的情况下，媒体投放应假定更高一点的铺货率。媒体投资的一部分为销售结果，另一部分用于通过消费者的需求增加铺货率。

4. 竞争情况

对一个区域市场的媒体投放是伴随着整个营销活动进行的，所以在投放时不得不考虑该地区的竞争情况。特别是在品类的成熟阶段，销售额的增长来源主要是竞争品牌，所以在媒体投放时得考虑以下几点：

（1）市场中的品牌数量。品牌的多寡将影响消费者选择品牌的机会，所以品牌的数量会影响到区域媒体的投资额度。

（2）竞争品牌的媒体投资量。这是会直接导致竞争品牌的投放占有率和音量占有率，影响消费者对广告的认知与记忆，影响区域媒体的投资效果。

（3）过多的竞争品牌数量和投资量会影响产品的定价和销售利润，压缩营销空间。此时，要么增加投资额与之相抗衡，要么紧缩预算维持现有消费水平。

4.5.2 目标市场的资源分配

要确定对目标市场的资源分配，需要对各区域市场的 CDI 和 BDI 进行判定，然后对具体的品类和品牌状况的各种指标进行量化，再根据各区域目标消费者的潜力进行评估，根据各区域市场的铺货量和渠道进行评估。最后根据营销态势、目标和传播任务，对各种量化结果进行加权指数，最后得出各区域优劣顺序的量化指标。

通过对目标区域市场的获利能力的评估，对各区域市场进行优先等级的划分。通过划分结果，来确定某区域市场应获得的媒体资源。

一般来说，媒体资源包括预算和传送量（GRP）两种形式。预算是从投资的角度出发，而传送量是从消费者角度出发。以这两种形式为标准进行媒体资源的优先分级，最后的形式和结果都会有所差别。所以下面介绍一下这两种标准贯彻的优点，在具体进行资源分配的时候便于选择。

以金额为单位来分配媒体预算时，直接与销售值连接，是对已有市场的销售结果的有效反应。所以在保持既有市场时，能够达到良性循环的作用。这种方法仅仅着眼于既有的销售成绩，在防守型的营销态势下比较契合。但是忽略了潜在市场的开发，在积极扩张型的营销态势下并不适用。

以媒体传送量为单位来制定市场媒体传送量时，非常符合传播的需求。但是这种方式不是针对既有的销售额连接的，所以可能在传送量的设置时不太灵活，可能因为媒体购买成本较高而造成媒体预算的虚高。

4.6 媒体行程设定

广告媒体策划的目的在于在消费者记忆中形成对于品牌信息的长时记忆。由于消费者的记忆与遗忘特性与时间有关，所以在不同的时间内，需要设定施加的广告刺激量，这就是媒体行程设定。

媒体行程设定是时间和量的结合概念，指广告媒体在露出行程上的策略，主要设定品牌媒体露出的时机、应该采取何种露出模式及露出周期等。

4.6.1 媒体行程设定的影响因素

媒体行程设定是为了达到最好的广告效果，在战略层面，以时间为参考，在不同的时间点通过什么样的方式进行媒体投放。因此，媒体行程是由消费者记忆与遗忘特性来决定的，通过一定的时间内的频次积累来达到长时记忆的效果。

1. 信息记忆与遗忘曲线

在与广告媒体信息接触之后，消费者对信息的理解和记忆并不能永远保留下去，而逐渐淡化、遗忘。德国心理学家艾宾浩斯对人类的遗忘规律进行了研究，提出了艾宾浩斯遗忘曲线，如图4-3所示。遗忘从记忆之后就开始了，最初遗忘的速度很快，然后慢慢放缓。20分钟后，记忆量剩下58.2%；1小时后，记忆量剩下44.2%；1天后，记忆量剩下33.7%；6天后，记忆量剩下21.1%……经过相当长的时间，几乎就不再遗忘，但是原有的记忆量也所剩无几了。

从艾宾浩斯遗忘曲线可以看出，广告露出频率和消费者的购买行为有直接的关联性。不同的广告露出频率和长度直接导致消费者的记忆程度，而根据AIDMA告诉我们的长时记忆的程度才会引起消费者购买行为。另外，从遗忘曲线中还可以了解到在一定时间内，广告频次越高，消费者对品牌的印象就越深刻；消费者对品牌的记忆和态度随着时间的流逝会慢慢衰退，但是在广告停止后，也并不会马上消失殆尽。

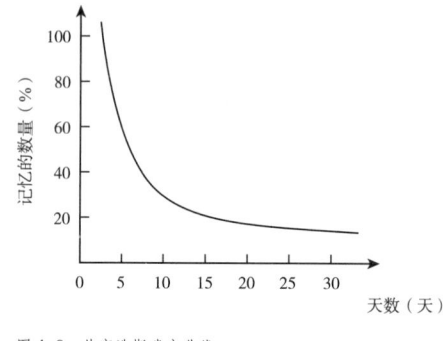

图4-3 艾宾浩斯遗忘曲线

把遗忘规律应用于媒体行程设定上，对于消费者的广告信息认知与衰退模式为：

（1）在媒体露出之后，由于接触率和接触频次的增加，消费者对广告信息开始认知，广告信息慢慢转入长时记忆中。

（2）随着接触频次的积累，消费者对信息的认知越来越清楚、深刻。

（3）直到消费者已经形成了完整的认知，此时媒体露出只为维持长时记忆。

（4）停止媒体露出之后，消费者的认知和记忆开始像遗忘曲线展示的那样慢慢消退，直到慢慢消失。

因此，媒体的露出和停止要根据消费者不同的记忆阶段来设定。在不同阶段由于媒体露出目的的差别，为达到最优的投资收益，形式和程度也应有所调整。

虽然消费者的广告认知和衰退呈现这样的特征，但是由于消费者对广告信息内容的学习方式大多数为无意识的，所以记忆的程度和遗忘的速度会随着不同的品类关心度、品牌发展阶段、品牌形象、创意表现和竞争干扰等呈现一定的差异。

2. 购买周期、品类发展周期与营销策略

消费者对产品购买后的使用及再次购买，如此从决策、购买、使用，到再次购买形成的一个循环称为购买周期，如图4-4所示。

消费者对于各种广告信息的记忆与遗忘曲线大致相似，但是不同的品类之间，由于购买周期的差异，导致在一个周期中不能用一样的行程方案来保证其保有记忆程度。在购买前，媒体的传播目的在于影响其购买决定；使用中，目的在于肯定购买决定并提醒使用，此时希望获得消费者的满意引起再次的购买决策以及口头传播行为。

另外，由于品类处于的不同生命周期中，消费者对品牌的态度和接触程度的差异，媒体行程安排也应起辅助作用。

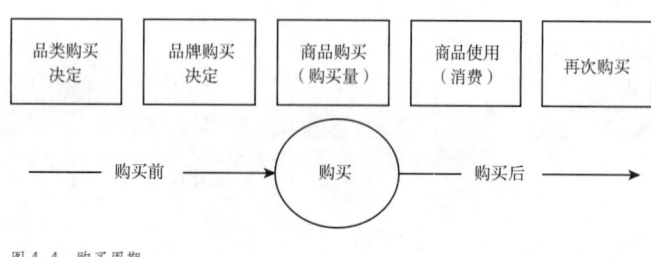

图4-4 购买周期

产品所属品类属于导入期阶段时，消费者积累的接触频次、普及率和理解率都低。此时传播目的在于告知，此时竞争偏低，媒体行程安排主要在于缓和式的频次积累。成长期的品类已经为消费者逐渐熟悉，品类成长之后品牌数量逐渐增加，竞争加剧。所以，此时传播的重点在于强化品牌形象，行程设定为相对集中，有高低起伏的形态，而且投入的比例逐渐加大。当品类处于成熟期，消费者对品牌非常熟悉，品牌之间的竞争处于白热化，甚至面临大量的同质化竞争。此时的行程设定上要更为集中于强势。当品类处于衰退期，成熟期中的各种竞争导致的利润流失让许多品牌的营销以失败告终，而存活下来面临资金的流失，预算也受到影响，所以此时媒体行程恢复到导入期的缓和状态。

在积极扩张与维持防御不同的营销策略下，媒体行程策略应与之相匹配。

（1）扩张型营销策略的媒体行程。在雄厚的资金下，企业才会采用扩张型营销策略。因此，媒体行程要达到正面应对、侧面打击的全线扩张的态势。以较高的投资直接抢占品类媒体露出的高峰期，通过资金的优势抢占优势媒体资源，强势增加品牌在消费者心理上的占有率。在品类媒体露出的空档中，在低干扰的环境下露出，并且开发次高消费期。

（2）防御型营销策略的媒体行程。防御型营销策略是为了维护、巩固既有消费者的消费行为。所以在行程设定上尽量符合品牌的购买消费曲线，将资金集中在品牌消费高峰期，尽量避免与竞争品牌直接对抗，以"卡位"的方式争取资源运用的最佳产出。在全面劣势下，尽量获得局部优势。

3. 媒体环境

在不同的时期内，媒体的覆盖、价格、干扰度、效率及取得性都会呈现季节性的变化，因此从执行层面和投资效果上，考虑媒体环境对媒体行程设定的影响。

媒体覆盖程度随着受众的生活作息和活动影响会有差异，由于受众群与媒体的接触会存在周期性或者是季节性的差异，如受季节影响，不同季节受众的就寝时间和户外运动不同，这就导致接触媒体的种类、形式的差异。媒体覆盖情况往往不是固定的，所以在媒体行程设定时要考虑当时媒体对目标消费者覆盖情况。

媒体价格往往受主要投放品类的投资曲线影响，所以投资量和价格会出现淡旺季的差别。淡旺季的差别直接导致了媒体干扰度的不同，在制定媒体行程时，必须考虑投放的媒体干扰。根据不同的营销目标，在行程设定上对干扰采取不同的应对方式。

4.6.2　3种基本行程模式和预算

媒体行程模式是媒体行程在全年由露出与间歇所形成的露出方式。通过模式化的归纳，总结在不同的营销和传播目的下，在现有预算限制下制定最有效的资源分配方式。一般来说，有3种基本的形成模式，包括连续式、栅栏式和脉动式。

首先介绍3个相关概念：

- 广告波段：指广告露出的开始到结束的一个波段。
- 广告空档：广告波段与波段之间的空档时期。
- 广告期间：广告波段持续的时间长度，在计算上通常是以周为单位。

1. 连续式媒体行程模式

连续式（Continuous）指全年无休，没有高峰或低谷的媒体露出方式，连续并不意味着每天都必须有媒体露出，而是全年中没有出现具有影响的空档（约两周），且在高峰或低谷上也没有明显地露出比例差异。

连续式媒体行程模式的广告费用支出基本不变，属于水平支出法。采用这种方法，每次广告活动所投入的广告费用都基本相同。一般适用于销售较稳定的日常生活用品广告和一些偶尔才购买的商品，如电器、药品等。由于这些商品日常销售较稳定，广告作用仅在于维持消费者记忆。

2. 栅栏式媒体行程模式

栅栏式又称跳跃式或间歇式，指时有时无的露出模式，某段时间露出，某段时间空歇，广告波段之间出现显著的空档，当然每个波段的比例并不一定必须完全相等。

这种行程模式往往是受到产品购买周期、品类发展周期和营销策略的共同影响。曲线呈现明显的淡旺季差异，可以看出品牌采取的是偏向防御型营销策略，一般这种行程模式适用于在销售上具有明显的季节性、品类关心度较低、购买周期较短且周期显著、竞争激烈及预算受到较大限制的品牌。

3. 脉动式媒体行程模式

脉动式（Pulsing）介于连续式与栏栅式之间，指的也是全年露出，但在露出的媒体比例高低上存在显著的差异。

跟栅栏式一样，脉动式媒体行程模式所呈现的高低起伏的差异受到产品购买周期、品类发展周期和营销策略的共同影响。但是脉动式呈现的是全年露出的情况。一方面，是由于资金比较充裕，能够达到全年的覆盖，这同样说明该品牌的营销策略是偏向于扩张型的；另一方面，采取这种模式的产品的消费季节性不如栅栏式明显。

在实际的策划中并不用拘泥于某一种模式，需要根据品牌的所属品类情况、资金状况、营销策略、购买周期、竞争状况和3种模式的优缺点选择合适的媒体行程。

4.7 媒体排期

广告媒体作业流程中，从行程设定方案到排期计划，是从战略进入到战术的过程。排期是将前述的工作全部落实到具体的"下单"计划，形成具有操作指导性的排期表。

排期计划是在年度的行程设定的框架中进行的，根据排期在行程设定中的位置制订媒体排期的完成目标。然后根据购买工作简报，从执行层面确定各种媒体类别、载具和时间上的可行性和评估结果，来制定详细且可以形成媒体订单的媒体排期计划。媒体排期工作中，主要明确两个任务：媒体购买工作简报和具体排期计划设定步骤。

4.7.1 媒体购买工作简报

媒体购买工作简报主要从执行层面明确媒体购买情况，交代媒体排期所需的各种资源。另外，还有一个重要的作用在于确定制订的媒体排期计划是否符合要求（表4-3）。

表 4-3　　　　　　　　　　媒体购买工作简报内容

类　别	具　体　内　容
目标消费者	定义主要消费群和次要消费群
媒体类别和载具	确定主要选择的媒体类别和载具
创意表现方式	创意材料、尺寸、秒数、内容，包括创意目的与策略，各式的创意版本和演员
广告活动形式	品牌形象广告或商品广告；新商品上市；新传播定位；新广告创意；持续性广告活动（各市场累计 GRP）；促销活动等
媒体排期起止时间	详细的媒体排期的起始和结束时间
目标市场分级	划分一级、二级、三级市场，制定资源分配上的优先顺序
传送量目标	各级目标消费群与各级市场设定的媒体到达率、接触频次和有效到达率界定
媒体预算总额	不同的媒体类别和媒体载具的预算限制与弹性
其他	在媒体执行上的必须做与不能做的

4.7.2　媒体排期计划设定步骤

媒体排期计划是根据前述购买工作简报、媒体购买价格与执行条件，媒体时段或版位的取得性，以及媒体载具评估结果等，形成媒体排期计划。在作业上，可以分为载具评估、档次安排、检视和试算 3 个阶段，具体见表 4-4。

表 4-4　　　　　　　　　　媒体排期设定步骤

步　骤	具　体　内　容
载具评估	● 对载具进行量化与质化评估 ● 考虑载具收视趋势，修正极端特殊收视表现 ● 考虑购买简报在载具时段与形态上的限制
档次安排	根据活动类型安排档次分布时程
检视和试算	● 检视预算与总收视点的达成状况 ● 试算初步排期计划在到达率、频次与有效到达率上的表现 ● 为获得更佳计划，根据试算结果调整节目选择或档次分布

通过载具评估敲定媒体排期中需要使用的载具和时间、预估载具所能获得的收视率；档次安排确定媒体行程中需要的媒体露出时间和程度；检视和试算排期计划能够带来的媒体露出效果，尽早发现问题进行调整。

4.7.3　媒体排期表示例

进行媒体排期工作最后呈现出来的就是媒体排期表，这是广告策略的具体体现，是媒体策划的最终报告。传统的排期表的主要内容包括客户名称、广告版式、投放日期、广告形式、GRP 以及单价、总额等。

媒体排期表具体到以天为单位，各种广告在网站上的具体位置和形式。由于媒体经营方式的多样化，各种广告投放形式层出不穷，如各种栏目赞助形式以及近几年发展的植入广告。相应的媒体排期也变得灵活起来，在某一种媒体上有以周期为单位的单独排期表。表 4-5 是某品牌在中央电视台财经频道（CCTV-2）上的周广告排期表。

表 4-5　　某品牌在中央电视台财经频道（CCTV-2）的周广告排期表

播出频道	栏目	播出时间	首播							重播						
			一	二	三	四	五	六	日	一	二	三	四	五	六	日
CCTV-2	幸运52	周六 22:05～23:15						1								
		周日 10:48～11:58														2
		周日 02:20～03:30							1							
		周三 01:30～02:40										2				
	生活	周一至周五 19:35～20:25	1	1	1	1	1									
		周六 19:00～19:50						1								
		周日 17:30～18:30							1							
		周一至周五 14:45～15:35	1	1	1	1	1				2					
		周六 01:30～02:20						1								
		周日 01:20～02:20							1							
		周日 07:00～08:00							1							
		周日 09:58～10:48							1							
		周一 06:00～06:50									2					
		周四 10:48～11:48				1										
	今晚	周一至周四 22:25～22:50	1	1	1	1										
		周五 23:35～00:05					1									
		周一至周五 06:15～16:45	1	1	1	1	1				2					
		周一至周四 01:00～01:30		1	1	1					2					
		周五 01:50～02:20					1									
	金土地	周日 12:40～13:30							1							
		周六 09:00～09:50														2
	欢乐家庭	周一至周五 18:00～18:45	1	1	1	1	1									
	超市大赢家	周日 18:00～18:45							1							
		周一 01:30～02:40									2					
		周五 10:48～11:58													2	
		周六 13:35～14:45														2
	绝对挑战	周日 18:30～19:30							1							
		周二 10:48～11:48									2					
		周六 14:50～15:50														2
		周六 23:15～00:15														2
	为您服务	周一至周五 18:45～19:35	1	1	1	1	1									
		周一至周五 13:50～14:40		1	1	1	1				2					
	艺术品投资	周一至周四 23:00～23:20	1	1	1	1										
		周一 09:58～10:18									2					

第5章　广告预算与媒体效果检视

广告预算也称广告投资预算或广告费用预算。它是广告主对于开展广告活动的投资匡算，是企业在一定时期内为进行广告宣传活动计划投入的费用总额。广告预算规定了广告计划期内从事广告活动所需的经费总额、使用范围和使用方法，是企业广告活动得以顺利实现的保证。

广告预算的直接支出包括广告制作费、工作人员费、印刷制作费等。广告人需要知道有多少钱可以用在具体的媒体运作上，即支付广告时间和空间的费用。

5.1 广告预算的思考方式

广告投资以较小的媒体预算促成销售或利润的增长，即投资报酬率。媒体预算占所有传播广告费用的主要部分，媒体人员经常必须为品牌传播建议媒体预算。媒体预算目的是为了提升品牌传播与销售，其涉及投入的广告费用和销售收益的计算。每年 11 月，国内一些企业、公司聚集中央电视台，参加竞标。标王指在某年度中花最多的广告费在中央电视台做广告的企业或产品。广告主希望通过中央电视台的广告投放使产品畅销获得成倍的回报。但是，纵观历届标王产品，秦池酒、爱多 VCD 等标王产品在短期辉煌后都陷入了困境。秦池酒厂是最典型的例子。它不堪负荷 3.2 亿元巨额广告费用，中途被迫转卖广告时段，对产品和企业整体营销和品牌形象造成了不良后果。

全面、周到地考虑影响广告预算的各种因素是确定科学合理的广告预算的前提。广告活动达成最终效果，要受多种因素的影响，因而确定广告费用预算时也应该考虑到以下多个影响因素。

（1）市场要素。目标市场的范围、大小及潜力，目标市场的性质及区域分散程度，目标市场中品牌占有率。

（2）产品要素。产品生命周期中所处地位，产品品牌忠实度。

（3）销售要素。预定销售目标（销售额及利润）。

（4）竞争要素。竞争企业动向及其广告战略、广告费、商品竞争手段。

（5）媒体要素。包括媒体使用形式与媒体变化情况。

5.1.1 广告预算的设定步骤

广告预算的设定有 6 个步骤。

（1）广告预算的研究调查。收集有关销售额、广告、营销计划、流通、竞争等过去资料及目前情报，特别是要分析上一年度的销售情况，分析历年来本企业产品的销售周期性，从中找出本企业销售活动的规律性，以预测下一年度销售情况并进而确定广告费用分配。

（2）确定广告投资量。通过分析企业整体营销目标计划与市场环境，提出广告投资总额的计算方法和依据。

（3）制定广告总预算。确定一个年度中广告经营的总体分配方案，按季度、月度将广告费中的固定开支分配下来。

（4）制定广告的分类预算。在总预算指导下，将总预算确定的广告费用具体分配到不同产品、地区及媒介上。

（5）拟订控制与评估标准。必须确定各笔广告支出所要达到广告的效果，以及对每一时期每一项广告开支的记录方法。

（6）设置预留机动经费。广告预算中除确定固定开支外，还应对一定比例的机动开支做出预算，此为预留机动经费。同时还应界定预留金的投入条件、时机及效果评估办法。

5.1.2 广告预算分配方式解析

在设定了广告预算内容之后，应该根据广告目标，按照广告计划的各项细目的要求，将广告预算总额分配到各个广告活动的项目上去，即广告预算的分配问题。广告预算的分配共分8类：

（1）媒介间分配。计划选定的各种媒介间的广告费用分配，如报纸广告占多少费用、电视广告占多少费用等。

（2）媒介内分配。在媒介间分配中，同种媒介的划块分配结果在不同媒介单位间的再分配，如电视广告项目中各种电视台分配多少。

（3）地区间分配。广告目标规定中，广告对象处在不同区域，依据此种需要在各区域间分摊广告费，实行区域切块分配，如各城市间、国内外等。

（4）时间的分配。长期广告活动中，存在年度、季度、月度广告费分配。

（5）商品的分配。它指不同广告产品间的广告费用分配。

（6）广告对象分配，即按照不同广告对象，如团体用户和企业用户、最终消费者等来分配广告费。

（7）广告流程分配。即将广告费用配置在调研、策划、设计、制作、媒介发布等运作程序上。

（8）部门的分配。它是指企业内外的广告费分配，如自营广告费与他营广告费的分配。

此外，还有公共关系、企业形象广告和观念广告等也应予以费用分配。以上各种分配标准，不可个别单独考虑，相互间有密切的关联性，应予以综合运用。

5.1.3 广告预算的科学方法

确定广告预算总额的方法有很多种，每种方法有各自的长处和短处，有些企业编制广告预算时，常采取两种以上的方法。

1. 历史法

用历史法来确定广告预算指的是用去年的销售额或对今年预期的销售额作基数来确定今年广告预算。历史法有4种操作方法。

（1）销售额百分比法。为了保证产品及本身的健康发展，企业通常将产品年销售额的 2%～3% 放在广告宣传上面。也就是说，如果 A 产品去年的销售额是 1000 万元，那么今年的广告费用就是：1000 万元 ×3%=30 万元。如秦池酒厂 1996 年销售额 8 亿元，却花 3.2 亿元在广告上，占销售额的 40% 以上，为日后的危机埋下了隐患。这种方法由于将广告费用与销售额直接挂起钩来，因而计算上快捷、简便，容易被众多厂商所接受。但是，这一方法也有着明显的缺点，当销售好时，广告预算增加，销售不好时，广告费减少，这与"广告应产生销售"的基本准则恰好相反。因而，往往不能适应迅速变化的市场环境，使企业无法按产品品种和经营地区的具体情况灵活提取广告费。

（2）毛利百分比法。保守的企业会用毛利总额来代替销售总额作为计算广告费用的基数，以求进一步稳妥。计算方法和销售额百分比一样。通常用毛利百分比计算广告费用时，比率稍高于销售额百分比，占 5%。如果去年的毛利是 500 万元，那么今年的广告费用是 500 万元 ×5%=25 万元。

（3）销售数量法。此方法与销售额百分比法相似但并不完全一样。此法以每单位销售金额或生产金额来分配广告预算，即规定每一销售单位上有一定数目的广告费，用这一单位广告费乘上总的销售数量就得到企业总的广告费用。

这种以单位商品摊配广告费的方法计算数量，多销则多拨广告费，特别适合薄利多销的产品。另外，汽车行业也经常采用。例如，去年共售出 1 万辆车，广告费用是 100 万元，每辆车合 100 元广告费。那么，今年预期售出 2 万辆汽车，广告费用就是 100×2 万元 =200 万元。这种方法也有明显缺陷，在未产生销售效果前，单位配比的决定往往是武断的，常常使广告缺乏提前投入量。

（4）零售店法。这种方法的出发点是，多一个零售店就多一份销售额，因此需要多一分广告预算。例如，A 产品在北京有 50 个零售店经销，去年广告费 100 万元，平均每个店合 2 万元广告费。

2. 目标任务法

科利于 1961 年在《广告目标之制定》（简称 DAGMAR）一书中提出，广告预算根据想达成的预定目标或任务来制定，下一年度将进行哪些工作，每次任务需多少经费，然后再累计出所需的总体广告经费。这一方法是根据确切的目标与任务，而不是依据过去的经验或未来的效果。

从理论上讲，这是一种理想的科学方法，在一切编制广告预算的方法中最合乎逻辑，既不会造成浪费，又不会造成经费短缺。然而，正是由于太过理想，企业界很难实际运用。因为，企业往往很难在下年度到来之前，就能准确地确定一个年度要展开什么运动，每项具体的广告活动费用是多少。由此看来，这一方法的主要优点可能是有能力于事后确定广告费花得是否适当，而非在于制定原始的预算。

3. 竞争对抗法

竞争对抗法是运用较为广泛的广告预算计算方法。它基于一个理想的前提：广告费用的投入全部有效，消费者完全接受和认知产品销售量的提高。它认为广告投入量和市场占有量之间有着正比关系。要提高市场占有率，必须提高等量的广告费用。过去，百事可乐的营业额仅约为可口可乐的 1/5，但两家公司的广告金额却大体相当，若就营业额比例来看，百事可乐毫无道理地比可口可乐高出了20%~30%的广告费用。然而，百事可乐多年来投注于广告上的心血已渐有回报，目前，百事可乐每年营业额约80亿美元，几乎逼近了可口可乐的营业额，此正意味着百事可乐是采取竞争法编列广告费的，并取得了应有的成果。

事实上，广告费用的高低和竞争对手的关联性极大。这种根据市场竞争状况编制广告费用的方法，特别适合于市场竞争激烈，企业需要凭借广告来加强竞争力量的情况。

计算公式为

A品牌今年广告费用 = A品牌去年广告费 +（或 -）去年该类产品广告总投入 × A品牌今年期望提高（或降低）的市场占有率

例如，手机产品去年的广告总投入是10亿元，A品牌手机在自己那一部分广告费用的支持下，市场占有率达到15%。今年A品牌希望将市场占有率提高5%，达到20%，那么它的广告费用就是：去年A品牌的广告费用 + 10亿元 × 5%。如果企业打算低调处理该产品，而将资金和精力放在发展新产品上面，那么，它的广告费用也根据下调的市场占有率相应下调。

上述3种方法并未囊括广告预算的所有方法，而且每种方法都有支持者，也都有反对者。事实上，广告的经济效果很难用某一定量的方法规定，它是由多种因素所制约的，在复杂的市场情况中，企业必须坚持实事求是，根据本企业的实际条件和所处的环境，采用合适的策略方法，才能保证预算的科学性和有效性。

5.2 广告媒体效果检视

5.2.1 广告效果概述

广告效果，是广告主把广告作品通过媒体刊播之后，加诸于消费者的影响。其中包括广告心理效果和广告销售效果。企业产品消费者接触广告之后，首先对广告诉求表示同感，之后对广告产品产生感情，广告经过各方面的评价学习与传播，就会有动机的产生。对广告效果的影响贯穿于信息传播模型的始终，传者、信息、媒介、受众各自的任何一个构成要素都可能成为影响广告效果的因素。

5.2.2 广告效果的类型

实施有效的广告效果测定，就必须对广告效果进行科学的分类，按照广告效果不同的类型采取不同的测定方法，才能取得较好的测定效果。

1. 从广告效果产生影响的范畴角度

按照广告效果产生影响的范畴，可以分为传播效果、销售效果和社会效果。这是广告效果测定的基本分类。传播效果也称为广告的心理效果或接触效果，是指广告刊播后对消费者产生的各种心理效应，如对知觉、记忆、理解、情感、欲求及行为等方面的影响。广告销售效果是指由于广告活动而引发的产品和劳务销售及利润的变化，以及由此引发的同类产品的销售、竞争情况的变化、相关市场中经济活动的变化。广告的社会效果是指除经济效果之外的其他社会效果。与经济效果相比，广告的社会效果虽然不那么直接和明显，但其影响则更深沉和久远。

2. 从对广告活动的管理、控制角度

从广告效果在广告活动过程中所起的作用看，广告效果可以分为预计效果、预测效果和测定效果。预计效果即期望效果，是指企业、组织的管理者依据经验和企业发展需要而提出的广告效果要求，它反映了管理层对广告活动结果的期望，是一种主观效果要求和愿望。预测效果即论证效果，指的是经由专家通过严格科学论证后认定的可实现的广告效果。测定效果即事实效果，指的是经过科学检验测定的广告实际已产生的效果，包括事前、事中和事后测定的效果。

3. 从广告活动周期角度

如果按照广告活动周期的长短进行划分，广告效果可分为短期的、中期的、长期的3种类型。至于短期、中期、长期的具体时间长短，要根据具体广告活动的时间周期和测定要求而定。

以上仅是广告效果在测定工作中的一些主要分类方法，科学评估可帮助合理安排广告预算，提高广告投资的效益。

5.2.3　广告效果测定的方法

企业广告投放一般并不是单个广告播放，它往往意味着一个全面的广告投放计划或者一个完整的广告攻势。因此广告效果的评估主要从广告心理效果评估、广告销售效果评估和媒介效果评价方面考虑。广告心理效果，是指并非直接以销售情况的好坏评判广告效果的依据，而是以广告到达、知名度、偏好、购买意愿等间接促进产品销售的因素作为依据，心理效果是对消费者而言的。广告销售效果，就是指广告对产品销售的影响，销售效果是对广告主而言的。在评估广告效果的同时，对各类媒体广告投放效果进行分别评价。

1. 广告销售效果评估

广告的销售效果是广告活动最佳效果的体现，它集中反映了企业在广告活动中的营销业绩。在评估广告销售效果时，要分清影响广告销售效果或决定广告效果的主要因素，保证评估的客观性和真实性。要找出广告投资与销售量的相互关系，方法较多，通常有消费者固定样本连续样本调查、广告效果指数研究法、计量经济模型线性拟合等。可行方法从广告效果指数、广告对市场占有率的影响作为广告效果评估的主要方法指标，对销售效果进行评估。

（1）广告效果指数。评价广告价值的关键是看其是否促使消费者购买。关于分析广告所产生的购买阶段效果，扬思公司通过广告指数法进行分析。即在对广告实施心理效果调查结果的基础上，制作交叉汇总表并作进一步分析。

从看到广告而购买的 a 人中，减掉因广告以外影响而购买的 $(a+c) \times (b/b+d)$ 人数，得到真正因广告而唤起购买的效果，将这个人数以全体受调查的总人数除之所得的值，即广告效果指数——AEI（Advertising Effectiveness Index）。其公式为

$$AEI = \frac{1}{n}\left[a - (a+c) \times \frac{b}{b+d}\right]$$

式中，a 为看过广告而购买的人数；b 为未看过广告而购买的人数；c 为看过广告而未购买的人数；d 为未看过广告亦未购买的人数。

本指数主要用于对比分析，主要结合广告心理效果调查所获的实际购买率等基础数据作进一步分析。从而计算出一段时间内广告投放影响销售收入的贡献率。

（2）广告对市场占有率的影响。对比分析产品在某阶段、某地区、某个人群的市场占有率的变化，衡量电信广告投放对市场占有率的贡献。市场占有率是某品牌产品在一定时期、一定市场上的销售额占同类产品销售总额的比例。

通过计算市场占有率、市场占有率提高率、市场扩大率等指标，再和广告心理效果评估结果相结合，评估广告活动之后的销售效果。

约翰·沃纳梅克曾说：我知道我的广告费有一半被浪费掉了，可不知道浪费在哪里？目前多数企业广告投放情况也验证并体现出此种趋势，只有通过科学的测评才能找到浪费的原因，才能为有效地提升广告的传播效率提供科学的指导基础。

2. 广告心理效果测定

广告对其受众作用的过程，遵循"注意—趣味—欲望—确信—行动"的步骤。首先，消费者被广告吸引之后会产生一定的兴趣，通过不断地与广告接触，渐渐产生购买的欲望。但是理性的消费者不会只满足于广告自身的介绍，而会使用各种渠道了解更多关于商品的信息，如咨询购买过该产品的用户、查看网络评价等。只有当消费者确信这一产品值得购买时才会采取购买行动。

对这 5 个过程进行考察，这实际上是一个心理作用的过程。因此，在测定和评价一个广告的效果时，需要对广告在受众的心理过程中所引起的注意、产生的兴趣和感情的效果进行测定，即测定广告的心理效果。其基本思想是把看过广告与否作为是否产生购买行为的唯一解释变量，把剩余的影响因素归为一类，包括产品自身的吸引力等因素。

3. 广告媒体组合评测

广告费用有 80% 以上花费在购买广告刊播的空间和时间上，如果媒体组合不当、选择不合理，不仅会影响广告传播的效果，而且造成广告费用的极大浪费。广告人员需要对广告媒体组合做出测评。

广告媒体组合测评主要是评价广告媒体组合是否针对目标市场进行有效的劝说。主要包括：广告媒体选择是否正确；媒体组合是否合理有效；媒介成本预算是否控制得当；所选媒体的阅读率、视听率怎样，近期是否有所变化；与竞争对手的媒体组合情况相比，该媒体组合是否有竞争力；所选媒体在消费者心目中地位如何；广告发布的时机、频率是否吻合消费者的生活动态线；广告节目的空间位置是否适宜。

5.2.4 广告媒体执行效果检视

媒体执行阶段，需要由监播单位检视播出的准确性。媒体计划执行完毕后，媒体人员要根据监播和收视数据，进行买后对比和效果评估，作为下一波的排期计划参考与流程方案的修改参照。

买后对比分析包括包含计划执行准确性指标与执行结果的绩效指标，前者指媒体执行是否严格按照既定的媒体排期，后者则指执行结果在 GRP/R/F、有效到达率、千人成本等绩效指标上的表现。在媒体排期实施中，收视率不断变化，有时造成准确的执行计划与绩效表现的取舍。因此在执行上，品牌必须在两个指标中制订取舍的优先顺序，以利于媒体人员在选择时有所依据。

买后对比分析，是对媒体执行能力与外在环境变化的检视。此外，还需检视媒体传播效果，了解营销传播的产出，并从检视结果中修正下一波的媒体策略。

媒体传播效果检视主要运用的方式为广告效果追踪调查，调查的内容为广告知名度、广告理解、品牌偏好和购买意愿等。在执行上，应在固定地区固定时段内进行，以了解不同时间调查所得数据的起伏。对媒体而言，由于通过所测得的结果与媒体策略的比对，可以获得策略修正依据。

通过广告媒体执行效果检视，媒体人员可以建立媒体策略的操作要素与传播、销售产出的线性关联。由此，在促进销售的共同前提下，使媒体策略与营销传播同时运行。

第6章 广告媒体与广告设计

6.1 以创意整合传播

在媒体碎片化的当今，企业很难将信息通过单一的媒体覆盖目标消费者并存留在消费者脑海中。各式的媒体让信息充斥在消费者周围，如何在复杂、混乱的信息海洋中，让消费者辨认出来是传播中面对的重要课题。

对消费者传播信息的方式除了广告与促销，还有公共关系、促销活动、直接营销、企业形象识别、路演等几种。这些传播形式各具优势，可以和广告、促销形成互补。前期基于市场的缜密分析后，通过好的创意将传播方式整合，将传播的效果最大化。

整合营销传播（Integrated Marketing Communication，IMC），是指将与企业进行市场营销有关的一切传播活动一元化的过程。整合营销传播把广告、促销、公关、直销、企业形象识别等一切传播活动都涵盖于营销活动的范围之内，使企业能够将统一的传播资讯传达给顾客。核心是满足顾客需要的价值为取向，确定企业统一的促销策略，协调使用各种不同的传播手段，发挥不同传播工具的优势，整合成一个无缝计划，以最小的成本对消费者和其他最终用户产生最大的影响。

有效的整合营销传播计划意味着消费者从接触点获得的信息都是清晰、一致的。接触点是消费者与品牌接触的所有方式和地点，所有能把品牌信息传播出去的地方。

各种不同的传播方式所服务的对象是某特定品牌。因此，传播方式的多元化必须在既定的品牌策略下，利用各传播方式的优势，以不同手法合力建立品牌；反之，如果品牌传播未能有效整合，则容易造成信息之间的互相干扰，稀释传播效果。整合营销传播需要解决以下 3 个问题：

（1）就实现品牌的沟通目标而言，哪些是最好、最有效的广告沟通和促销媒体？

（2）如何使广告沟通活动和促销活动的每一条信息都与品牌的定位协调一致？

（3）广告沟通或促销应该在营销渠道的哪些点上到达目标消费者，并且加速他们做出有利于我们品牌的角色？

6.1.1 广告传播

广告是 4P 营销理论中促销组合（广告、消费者促销和交易促销、人员推销）的一部分。它们与公关、直销、企业形象识别等一起构成了向消费者和企业顾客传播的基础。

广告传播与促销相比，是一种相对间接的说服形式，它的基础是有关产品效用的信息或感情吸引力，创造有利于出现购买意向的内心印象。它是企业的拉动策略。

耐克能量感应环运用先进的电子和网络技术，将产品作为广告媒体，所传达出来的是耐克关注消费者的生活，如图 6-1 所示。这对于耐克运动产品的销售可能起不到直接的效果，但是在与提升耐克在消费者心目中的好感度和认可度，建立消费者与耐克品牌之间更深的联系起到一定作用。

促销则是更加直接的说服形式，通过外部激励而非产品固有效用为基础，目的是激励人们立刻购买以及更快地推进销售业务。

在不同的营销目标中，广告所发挥的作用不同。在企业市场中，广告常常辅助其他促销活动，包括贸易展销和销售拜访。在消费者市场，特别是快消费品市场，广告往往是主要的传播手段，其他促销手段（公关、路演、礼品、促销包装）等则起辅助作用。

客户经理、媒体购买人和广告创意人员一起创作广告，通过整合将广告有效地融入到整合营销传播计划中。随着媒体的多样化，任何一条信息想要引起消费者注意都变得越发困难。创造具有影响力的创意手法成为必然要求。创意是衡量广告影响力的关键因素，也是成功广告的一个重要特征。

一汽大众的大众CC配置了紧急制动辅助系统，其"吃惊盒子"系列广告诉求的是这个系统的优秀性能。广告通过弹簧、放大的人物主体和夸张的表情，突出汽车行驶途中可能遇到的突发情况，在这些突发情况下，大众CC都能在突然闯入的任何动物面前及时停住，如图6-2所示。

广告说什么、在哪里说、怎么说都很重要。说什么和在哪里说是由营销目标决定的，源于广告的战略层面；而怎么说是创意和执行的产物，源于广告的战术层面。

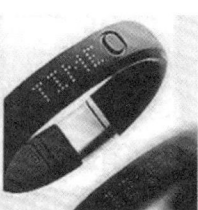

图6-1 耐克能量感应环

图6-2 一汽大众"吃惊盒子"系列广告

6.1.2 公共关系

公共关系常用来提高组织的信誉。企业通过媒体发布新闻，利用新闻时段或版面，以非商业性的新闻报道形式报道企业或商品信息。呈现在新闻报道中一般为新产品发布会、对新产品的报道。

公关关系是通过报道呈现。它的运作方式是通过新闻发布会将商品信息发布给新闻记者，再由记者形成报道对消费者进行传播。商品信息以新闻的方式进行发布，其商业性通常较弱，容易为消费者所接受。

公共关系除了新闻报道以外，还有事件营销、公益活动、危机管理等。通过这些方式，影响消费者态度和意见，最大化品牌的可信度和好感度，建立、改善与利益相关者之间的关系。

事件营销主要是利用社会大众关注的事件进行企业或品牌宣传，如选秀选美活动、奥运会、世界杯足球赛或其他重大赛事等。

在 2008 年的 5·12 汶川大地震之后，全国人民陷入伤痛中。当时中央电视台的赈灾晚会不亚于当年的春晚，老百姓都守在电视机前面观看。通过这次赈灾晚会，人们对于天灾人祸的恐慌情绪和对同胞受难的同情悲伤情绪得到疏解。当生产红罐王老吉的加多宝集团提出捐款 1 亿元，每个人的情绪被调动到了最高点。这次借助公益活动的事件营销迎来了红罐王老吉销售的奇迹，据《哈佛商业评论》报道，2009 年加多宝的红罐王老吉的年销售量近 170 亿元。

公益活动主要是借由对社会活动的赞助争取消费者对品牌的好感。例如，2007 年上海奥美为招商银行打造的"爱心操场，红动中国"慈善活动，每发一张信用卡，招行就捐助 1 元钱，客户每一次刷卡消费，招行就捐助 1 分钱，以一人力量到千万人力量共同为中国希望小学的体育设施建设贡献力量。这次活动募集约 1.8 亿元善款，用于建设希望小学的操场、开办希望小学运动会、重点帮扶定点贫困小学，引发了媒体广泛关注，共约 50 多家报纸、80 多家网站、7 家电视媒体做了相关报道。

危机管理的关键是对危机的发生有所预测，并计划如何应对负面消息和被影响的公众。建立一个良好的公司形象需要花费很多时间，然而稍有不慎，就会造成负面的公众印象。公司声誉是一个易碎品，它作为一种感知需要经营。有效的危机公关处理计划可以帮助企业避免危机，而且可以减轻由危机造成的损失。这个计划要细化到谁去接触被影响的利益相关者（顾客、供应商、员工、市民、社区、政府机构），谁去向新闻界发言，谁去组建和管理一个现场危机管理中心。

公关活动主要针对目标消费者心目中对企业的态度。通常的目的是创造、提高或保持一种正面的企业形象。这一点，公关在争取消费者的好感上有传统广告所无法取代的优势。

6.1.3　直接营销

过去的营销传播是单向的，广告主通过大众媒介向潜在消费者传递信息。现在随着信息技术的发展，传播成了双方的对话，可以通过电脑、网络、邮件、电话与消费者直接交谈。

直接营销指的是利用目录、电话、直接反应广告或电邮等作为沟通管道，针对特定的个别消费者传送商品信息，并促使其对信息进行反馈，从而形成的与消费者双向互动的传播形式。

宝马 Mini Coupe 的宣传册所体现的是冒险的品牌个性，在平面的宣传册上摆脱单一的表现形式，只要消费者转动小册子中的黑胶唱片，就能够让 Mini Coupe 的模型在跑道模型上驰骋，如图 6-3 所示。

直接营销以市场调研和建立数据库为中心，其主要工具包括目录（邮件目录、在线目录）、直接邮件（邮寄、非邮寄）、电话营销（呼出、呼入）及直接反应广告（电波、印刷、网络、其他）。直接营销的 4 种工具都能传递说服性信息，并以实际销售为导向。消费者可以直接做出购买的回应，因此直接营销不只是一种传播形式，同时也是一个销售管道。

图 6-3　Mini Coupe 宣传册

直接营销可以准确地针对不同的小群体规划不同的活动，同时它的双向互动性和直接的传播程序，其投资与销售产出的关系直接明了。它比大众媒体传播更具效率，直接营销也成为日益重要的传播营销工具。

直接营销技术可以用于收集相关信息，有利于为顾客建立一个有用的数据库和进行选择性的信息到达，从而减少浪费。便捷的购买流程和可靠、快速的商品交付机制，而且购买地点不受限制。同时，直接营销也有其劣势，消费者对于一些商品倾向于看到实物后购买。此外，大量的目录、垃圾邮件、推销电话干扰了消费者的正常作息，造成消费者的抵触甚至厌烦的情绪。

直接营销的内涵都包括产品描述、销售条款、支付和送货信息，直接营销应明确要求购买者采取一定的行动。比如说在麦考林单页上，如图6-4所示，明确价格、运费、选购性、售后服务、时间、质量保证等。也可以根据消费者区隔的价值及习性，设计不同的直接营销活动，以促使其产生购买行动。如针对潜在消费者提供试用品或优惠以促使其首次购买，针对重级使用者提供一次购买量上的折扣，以鼓励加量购买，同时避免品牌转换。

6.1.4　企业形象识别

企业形象识别在发展成为现代传播的一种模式之前，其

图6-4　麦考林单页

传播功能主要是由商标与口号承担，因此商标或口号应视为视觉规划与辨识系统的前身；视觉辨识根据其是针对企业还是品牌，可以分为企业识别体系或品牌识别体系。

企业形象识别是利用颜色或图像等视觉元素呈现企业或品牌的远景、理念或主张，企业形象识别包括两个主要作业层次，一是根据企业或品牌的远景、理念或主张形成视觉图像，二是规划视觉图像在各式各样的应用场合中的使用规范，因此视觉规划即是把企业理念视觉化、规范化，并系统化地运用。

企业形象识别的主要作用是宣扬企业或品牌的理念和主张，因此视觉体系的发展必须是根源于企业或品牌自身的理念、主张或承诺，杜撰的理念或承诺或者缺乏企业或品牌实质面上的支撑等，都将使识别体系流于空洞虚假。另外，企业形象识别系统在扮演对外宣传的作用上，需要运用整合传播中的其他模式对外宣传，如广告或公关等，以建立理念或主张的广泛认知，在此情况下，视觉辨识系统必须做到的另一个关键是必须维持其长时期的一致性，因为经常更换的辨识系统不只令人怀疑其并非源于企业或品牌自身的理念或主张，而且频繁更换的识别系统也将无法形成深刻记忆与认知，因而大幅度地降低其传播效果。

识别体系在建立之后，由于环境及消费者的不断变化，因此也必须通过固定时间的检视加以修正，以确认其在时代变迁中能保持与时俱进。

6.1.5　路演

在现代传播上，路演主要是将本来在电视或报纸等大众媒体上遥不可及的传播活动呈

现在消费者面前，让消费者可以亲历的现场传播方式。由于路演是品牌传播的临场版，因此路演基本上是根据线上媒体传播的主题进行延伸。例如，2011年在上海淮海中路，凌仕男士香氛在广告主题"凌仕效应"下，推出"芳心大开，一触即来"的虚拟实境交互式的路演。

路演活动由于与消费者的近身接触，因此，除了强化品牌诉求之外，也可以在现场收集名单以展开后续的直接营销活动，或者举办现场促销活动，散发促销物，或进行市场调查等活动。

综合上述包括广告、促销、公共关系、直接营销、视觉辨识及路演等整合传播形式，由于运作方式不同，造成其在传播功能上也各有偏向（见表6-1）。

表6-1　　　　　　　　　　　不同运作方式下的传播功能

营销传播工具	主 要 功 能
广告	创建产品和品牌的知晓度；塑造品牌形象；提供产品和品牌信息；说服人们；提供引发行为的诱因；供品牌提示；强化过去的购买体验和品牌体验
公关关系	发布新闻；影响态度和意见；使可信度和好感度最大化；建立、改善与利益相关者之间的关系
直接营销	刺激销售；引起个人兴趣和加强联系；提供信息；产生认同和信念
企业形象识别	传达企业愿景，品牌理念和社会形象
路演	增加即时销售额；增强售点的吸引力；引起兴趣；刺激立即购买；鼓励试用和冲动购买

根据是否运用大众媒体，将上述营销传播工具分为线上活动与线下活动。线上活动指的是运用大众媒体的传播活动，如广告、公共关系等；而线下活动则指的是没有运用大众媒体的传播活动，如路演；而有些活动则包括了线上与线下两部分，直接营销与视觉规划也都有类似的线上部分及线下部分。基本上，线上活动所产生的是拉力，主要有利于品牌建立；而线下活动所产生的则是推力，主要是对销售的推动。

广告人员在对媒体策略与计划的作业范围而言，需要以整合营销传播的观念，综合运用营销传播工具，而不应仅仅局限于广告部分。有效的整合营销传播计划可以给企业带来有利的、长期的品牌关系。

6.2　广告创意策略

威廉·伯恩巴克认为，一个好的广告创意应具备3个基本特质，即关联性、原创性和震撼性。关联性要求广告创意与商品、消费者、竞争者相关；原创性要求广告创意突破常规，与众不同；震撼性要求广告创意能深入到人性的深处。具有震撼性的创意能够从广告拥堵中突围，从而获得关注并给消费者留下印象。

实现这些特质要解决以下5个基本问题：广告的目的是什么？广告的对象是谁？品牌有什么特别的个性？何种媒体最合适？受众的突破口或切入口在哪里？

星辉的"心造"系列选用冷色调，以外国男性技师作为主体人物，采用理性诉求，展现星辉对于技术的精益求精。"精致"系列选用暖色调，主体人物是女性和儿童，采用感性诉求方式，展现的是星辉的产品能够为消费者提供井然有序的高品质精致生活，如图6-5所示。

广告运用插图的形式将人们熟悉的玩具都表现在作品中，以此希望唤醒观看者儿时玩

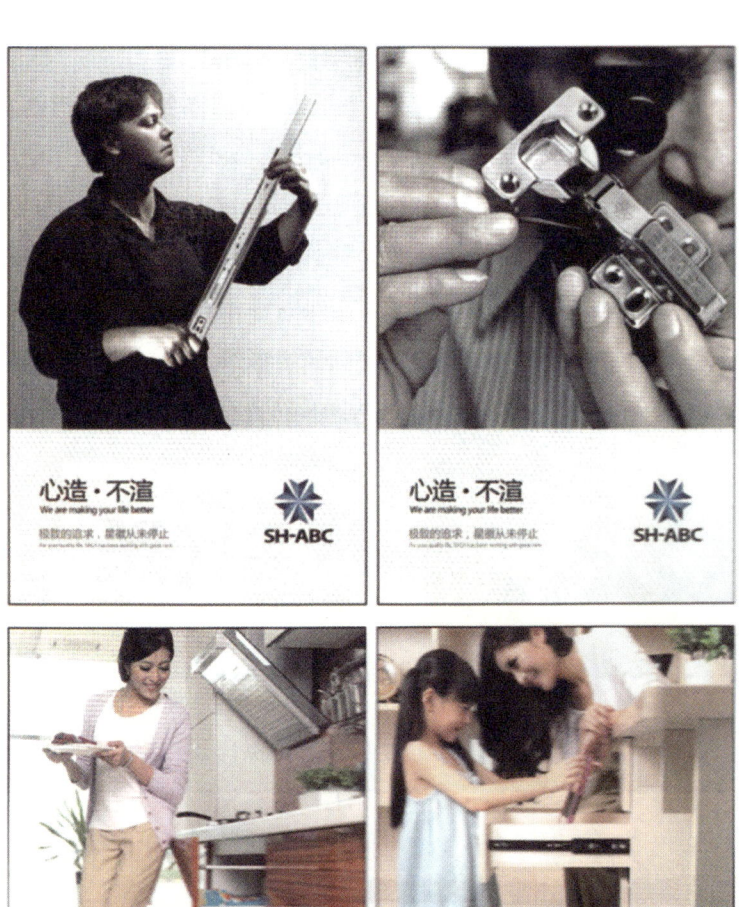

图 6-5 星辉的"心造"和"精致"系列

具给予的体验和感受。实际上,广告希望唤起观看者对于儿时的美好记忆,以此成为餐馆 MINT 玩具博物馆的驱动力,如图 6-6 所示。

图 6-6 MINT 玩具博物馆广告

为了让广告创意变得有的放矢，就必须在开始创意之前，进行市场调研，收集、分析广告主的产品资料，进行消费者洞察等工作；发现并分析广告主目前所面临的问题，明确提出广告活动的目标、主题、沟通的对象及充分的理由。战略性调查的结果通常以创意大纲的形式送到广告公司的创意部门，这种纲要能够解释消费者内在需要，同时概括公司基本的战略决策（定位、目标市场选择、目标、品牌战略）。大多数市场简报都会包括6个主要组成部分，即营销目标、产品、目标受众、承诺和证据、品牌个性，以及战略陈述。

背景是崎岖的山、主体是歪着头的羊，广告默认的观看者应该是在皮卡车里面的，羊拥有非常强的爬坡能力，而歪着头的羊趣味性地表现这款车拥有连动物都惊讶的爬坡能力，如图6-7所示。

创意发展的程序应该是先有创意策略，再根据策略发展创意作品，创意策略针对的是对错，而创意作品讲究的则是好坏，只有在正确的策略下的杰出创意才能真正建立品牌，并创造销售。缺乏策略导引的创意作品将缺乏评估依据，同时也把品牌带至不确定方向。

图6-7　大众皮卡车的平面广告

6.2.1　建立关联性

创意与产品的相关性指的是，在对产品深入了解的基础上，广告创意应充分展现产品内在属性及价值，创意中的核心内容、视觉元素、表现风格都与产品有着密切的联系。

在超级辣酱的平面广告中，并未从食物入手，而是突出超级辣酱能够给消费者带来的辣的感觉。通过水下定格宠物偷食辣酱之后跳入水中的画面，将消费者追求的辣味同超级辣酱建立关联，如图6-8所示。

图6-8　超级辣酱的平面广告

在一则广告中，广告人必须充分了解产品和消费者。在产品的特点和消费者的需求之间建立合理的、紧密的关联性。例如，M&M巧克力在早期这种覆有彩色巧克力豆，提出了"只溶在口，不溶在手"的广告口号。将M&M的品牌与消费者追求的巧克力特有的口感建立关联性，使消费者一旦对巧克力品类产生需求的时候就会想到M&M。

了解产品可以从以下方面入手。一是，产品成分、功效、特点、优势、历史、包装、价格、与同类产品的比较等；其次，消费者选择此产品的理由、使用的体验、对产品品牌的评价等；接着，在终端调查购买者的类型、竞争来自于哪些品牌、与之相比的优势在哪里、同类产品市场状况如何等关于产品的种类；最后，广泛收集相关知识与资料，为发现创意关联性提供跳板。

然后从这些资料中筛选出产品值得购买的信息,给消费者一个选择产品的充分理由。将这个理由转化为消费者内心渴求的东西,在产品特性与消费者需求间建立关联。

6.2.2 诉求有针对性

广告创意必须符合细分市场的要求。市场细分就是要求广告创意者与某一群特定的消费者对话,深入地了解他们的需求,为产品或服务提出独到的创意,以比竞争者更能满足消费者。不要试图对所有的人都诉求同样的信息,这会让目标消费群不够集中。因为产品的广告诉求与表现不能适合所有的人群。要用简要明了的一两句话把它概括出来。

深入发掘目标消费者,观察他们的特征。这些特征除了一般人口特征资料上所显示的数据,如年龄、性别、职业、受教育程度、收入、家庭状况等之外,更为重要的是他们的生活态度和生活方式:他们喜欢的东西,他们谈论的话题,他们谈论的方式,他们使用产品的方式,对产品的评价,期待产品可以解决什么问题等。并找寻与他们进行沟通的时间和地点。

广告中通过冲突的方式表现,拳击手的手不应该是在浪漫时刻出现、扳手也不应该在弹琴的时候出现,广告语回答了这个冲突形成的原因:当你饿的时候就不是你了。广告想要传达的是饥饿不仅会让人胃痛,还会让你失去原本的判断和能力,那么力士架能够解决这个问题,如图6-9所示。

图6-9 力士架能量棒平面广告

6.2.3 创造价值

人们购买产品是为了解决问题。随着同类产品的差异性减小,品牌之间的产品同质性越来越大,在广告活动的过程中,塑造并传播品牌形象远比只是单纯强调产品的具体功能特征要重要得多。

图6-10中CAR驾校的平面广告宣扬的是驾校不仅要教授驾驶的技术,更要教会学员如何保护自己。广告避免了驾校之间诉求的同质化,另辟蹊径,将品牌形象在教授驾驶技术中突破,将品牌形象与一般的驾校区分开。同样地,在图6-11中,Berlitz语言学校创造出不同于品类中其他品牌的价值:学外语不是为了参加考试,而是要融入当地人的生活。

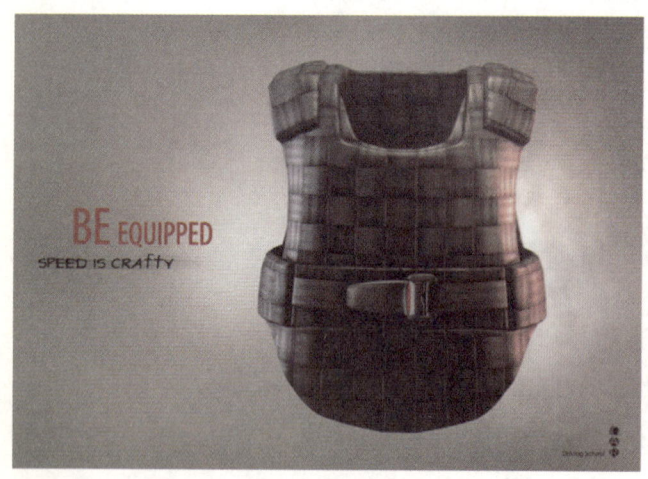 

图6-10　CAR驾校的平面广告

图6-11　Berlitz语言培训学校平面广告

品牌形象是由许多因素混合而成的,包括产品的名称、包装、价格和广告的风格。因此,每一条广告都应该认真考虑广告创意是否对品牌形象有利。广告创意为产品或品牌创造出性格、品位、格调,这些附加价值有时甚至远远超过生产这一产品所消耗的物质本身,成为产品不容忽视的闪光点。

好的创意就是在用创造和塑造形象,在产品的实际功效基础上为消费者创造更多的附加价值。这些附加价值体现出的品牌文化内涵、价值品位,消费者通过商品获得了超越物质之外的精神的、心理的、社会的、满足的高层次需求。

6.3 广告创意简报

创意人员准备广告的时候,通常会制作创意简报。在客户部门或策略部门形成了广告策略之后,使抽象的策略在广告文案与表现设计中,得到准确地、一致性地具体体现,就需要以创意简报的形式来引导和规范。

创意简报的基本要素有形势分析,目标消费者,广告目标,广告承诺,承诺支持,品牌描述,风格和格调。创意人员根据客户经理提供的信息和创意简报里的其他信息制作广告。

(1)形势分析。其包含背景调查、SWOT分析、要解决的主要广告问题。背景调查是市场的基本走势与状况,列出主要的直接竞争对手和间接竞争对手及其表现,本品牌在市场上的状况,市场的机会点与问题点。SWOT是分析产品的优势、劣势以及在行业中的机会和威胁。要解决的主要广告问题是本次广告需要解决什么问题,是营销问题还是广告问题。

(2)目标消费者。目标消费者的社会特征、消费心理和消费行为。其涵盖目标消费者的人口统计信息和其他信息,如爱好、兴趣、观念、生活方式。

(3)广告目标。常见的广告目标有提高品牌认知度,塑造品牌形象,增加销售量,对终端用户和渠道成员的询问作出反应,提供有效信息。

(4)广告承诺。承诺或独特卖点,应描述产品或服务给消费者带来的主要利益,可以促进消费者改变态度,或产生购买行为。

(5)承诺支持。有什么样的信息可以支持以上的利益承诺,而且消费者可以相信这些支持点。创意人员需要这些支持性证据来设计有效的广告。

(6)品牌描述。品牌的历史回顾,广告要表现品牌特征或者品牌个性的哪些方面,广告要考虑到继承的品牌资产或以前广告的元素。

(7)风格和格调。广告输出的基调,是时尚的还是传统的,是科技感的还是人情味的,是强调冲击力的还是强调亲和力的。如图6-12所示的路虎汽车广告,广告所传达出

图6-12 路虎汽车广告

来是野性、力量的风格。在深夜的草原上，除了野生狮子的眼睛之外还有路虎的车灯。通过广告输出的风格向消费者传达品牌个性和品牌所能带来的自我形象。

6.4　广告媒体与广告创意关系

媒体与创意作为广告的组成部分，是达成广告目标的主要工具。因此媒体在作业上必须清楚地了解品牌定位与创意策略。如果缺乏对创意策略的了解，媒体作业将成为制式的预算规划，难以产出真正针对品牌且具有独特创新的策略。

广告取材于好莱坞的灾难片，一只拿着三星XP3400手机的手从一片废墟中出现，广告想要传达的是手机的坚不可摧，如图6-13所示。

图6-13　三星XP3400手机

创意概念指的是创意的内容或点子。不同类别的媒体因自身的传播特性，在承载创意的能力上，有各自的优势和劣势。媒体在与创意概念的整合上，必须思考如何以最适当的类别或载具去承载创意，以完整发挥创意对消费者的说服力。例如，广播对声音创意承载能力较强，却不能呈现视觉的画面；户外媒体对复杂创意的承载能力则有其限制。

消费者对于一则广告的最初关注主要取决于3个因素：

（1）投放广告的媒体载体。

（2）广告单元（主要指广播广告的长度和印刷广告的大小和颜色）。

（3）广告的结构性实施。

在考虑以上这3个因素的时候，很显然媒体策略和创意策略存在着部分重叠。对广告创意的掌握是使媒体发挥创意的重要因素。然而在现行的广告作业中，以品牌为中心形成市场简报后，创意发展一般在媒体作业之前，或者与其分开进行。将创意策略和媒体策略融合，需要根据市场简报发展创意策略与媒体策略，在这一过程中必须互相协调整合，形成完整的建议方案。

第7章　传统印刷广告媒体设计

图 7-1 是宇通校车的印刷媒体广告，广告颠覆小红帽的童话故事，呈现宇通专业校车所带来的改变，表现校车的安全性以及带给家人和孩子的安全感。

图 7-2 所示的广告打破了以往这类广告一贯的形象，广告的主体是熟睡的小女孩，这是第一层对比。第二层对比是小女孩温顺可爱的睡脸和被小女孩一拳打坏的小熊毛绒玩具。这两层对比让广告充满了儿童广告应有的童趣。

图 7-1　宇通校车小红帽篇

图 7-2　忍诚馆——空手道教室平面广告

印刷媒体包括报纸和杂志、目录、邮件、装订册和包装，以及所有通过印在纸张上或像气球、T 恤、帽手和笔等材料上的印刷文字或图像来传递信息的媒体形式。比起电波媒体的易逝性而言，印刷媒体的信息相对能保留得更为持久。

即使是在电子技术飞速发展的今天，平面广告仍然占有非常重要的地位。图形、文字和色彩作为平面广告的三大构成要素，在创意中发挥着重要作用。平面广告具有形象性、静止性等特性，这使得平面广告的创意方法与其他媒体不同。

7.1　印刷广告媒体概述

7.1.1　报纸媒体

报纸可称为最传统的媒体，也是最受重视的广告媒体之一。报纸媒体的主要内容是新闻，其主要发行地区为都会区，且文字限制了不识字人口的阅读，如此使报纸媒体拥有较高素质受众群体。

在传播效果上，仅有图像而没有声音，且广告与新闻等内文同时并存，使得广告信息接收的强制性较低。读者对阅读内容的选择性较强，导致读者的兴趣与广告效果相关。由于印刷媒体的信息并不随时间消失，且报纸信息接触是读者的主动选择，使广告信息的接收投入程度较高，商品信息也因此而获得较为完整的理解。这种特性使报纸媒体能承载复杂信息，适合投放关心度高、理性选择，且需要完整深入说服的品类广告。

1. 报纸广告的分类

报纸提供 3 类基本的广告，即分类广告、特排广告和插页广告。

（1）分类广告是占据较小空间、只有文字的广告，它们集合在专门刊登分类广告的版面内。分类广告以种类（房屋租赁、销售、招聘及寻求帮助等）来进行分类组织安排，以便让读者快速找到他们需要的信息。分类广告的价格取决于其字数的多少。它一般可以多次刊登，并主要服务于消费者以及规模较小的本地业务。图 7-3 所示的齐鲁晚报的分类广告页都是市内的出租信息，广告排列整齐、紧密。

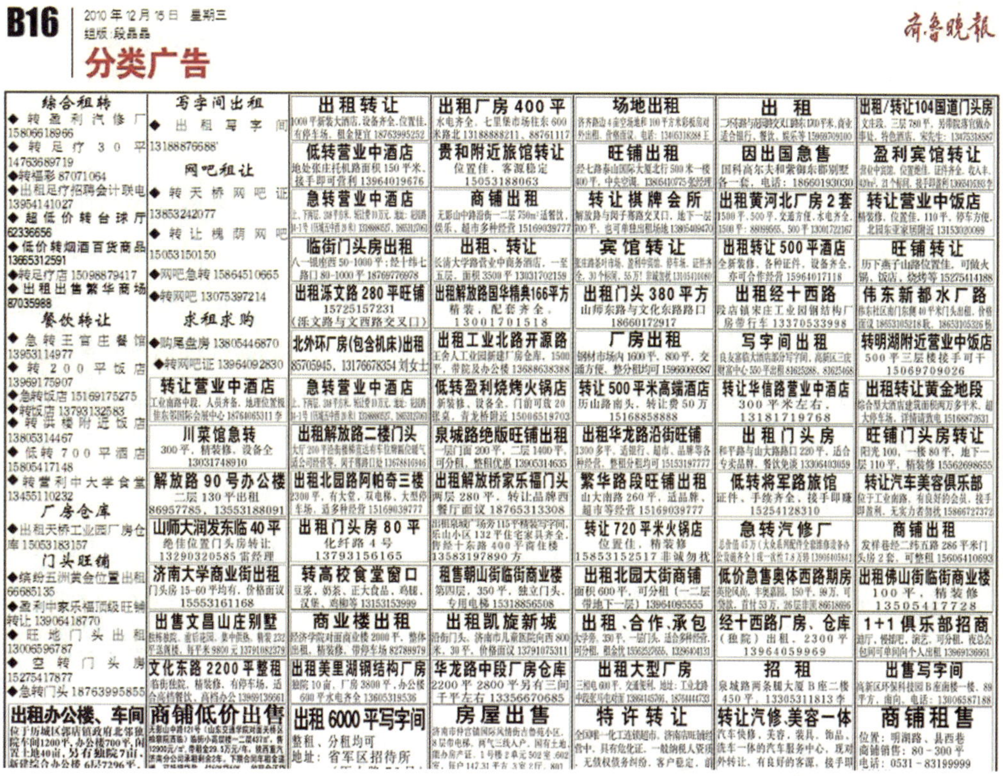
B16 2010年12月15日 星期三 组版:段晶晶
分类广告
齐鲁晚报

综合租转 餐饮转让 厂房仓库 门头旺铺 出租办公楼、车间
写字间出租 网吧租让 求租求购 转让营业中酒店 川菜馆急转 解放路90号办公楼 山师大润发东临40平 济南大学商业街出租 出售文昌山庄别墅 文化东路2200平整租 商铺低价出租
出租转让 低转营业中酒店 急转营业中酒店 临街门头房出租 出租泺文路280平旺铺 北外环厂房(包含机床)出租 急转营业中酒店 出租解放路二楼门头 出租北园路阿柏奇三楼 出租门头房80平 转高校食堂窗口 商业楼出租 出租美里湖钢结构厂房 出租6000平写字间
出租厂房400平 贵和附近旅馆转让 商铺出租 出租、转让 出租解放路国华精典166平方 出租工业北路开源路 低转盈利烧烤火锅店 泉城路绝版旺铺出租 出租解放桥东门头 租售朝山街临街商业楼 出租凯旋新城 华龙路中段厂房仓库 房屋出售
场地出租 旺铺出租 转让棋牌会所 宾馆转让 出租门头380平方 厂房出租 转让500平米高端酒店 出租华龙路沿街旺铺 繁华路段旺铺出租 转让720平米火锅店 出租北园大街商铺 出租、合作、承包 出租大型厂房 特许转让
出租 因出国急售 出租黄河北厂房2套 出租转让500平酒店 出租经十西路 写字间出租 转让华信路营业中酒店 出租门头房 低转将军路旅馆 急转汽修厂 低价急售奥体西路期房 经十西路厂房、仓库 招租 转让汽修美容一体
出租/转让104国道门头房 盈利宾馆转让 转让营业中饭店 旺铺转让 伟东新都水厂路 转明湖附近营业中饭店 出租转让黄金地段 旺铺门头房转让 转让汽车美容俱乐部 商铺出租 出租佛山街临街商业楼 1+1俱乐部招商 出售写字间 商铺租售

图 7-3 齐鲁晚报的分类广告版面

（2）报纸广告空间的绝大部分是由特排广告来填充的。特排广告一般出现在主体新闻内容附近，通常包括更多的图片，且有较多留白。特排广告的使用者认为顾客与潜在顾客不会特地搜索广告。因此，他们需要借助主体新闻内容来吸引读者阅读它们的广告，如刊登在报纸汽车版版面下方的轿车广告。

（3）插页广告是在报纸上刊登广告的第三种方式，它们由广告商制作而附带在报纸上。这种插页是百分之百的广告，而且每个广告都是为特定的某家公司而做的，服务于全国性品牌。大部分广告内容为优惠券的补充插页，就称之为广告插页。

2. 报纸的优势与劣势

报纸具有许多优势。

（1）它们可覆盖大量的本区域受众。

（2）报纸受众的受教育程度和收入水平都高于平均水准。

（3）读者可以按照个人喜好来决定阅读广告的时间和内容，使广告信息的接收投入程度较高，商品信息也因此而获得较为完整的理解。

（4）大多数报纸为日报，使广告能向报纸受众进行频繁展示，加上报纸本身的品牌形象及其与订购者间情感的联系，对广告商形象有积极的作用。

（5）日报每天都发行，因而为营销者提供了灵活性和较短的更新时间，让广告商可以在24～48小时内对广告内容做出更改。

报纸也有其劣势。首先，它们的平均寿命只有一天；其次，报纸的可复制量相对其他印刷媒体而言比较差；最后，干扰性也是报纸的一大问题。广告不仅需要与其他广告争夺读者注意，还必须与其他所有的主体新闻内容竞争。从整合营销传播视角来看，报纸的最大缺陷在于它是一种大众媒体，即使已经将广告刊登到最佳位置，并对信息进行了准确的定位，但其空间成本仍只是取决于报纸的总发行量。这就意味着，存在高比例的媒体浪费。

7.1.2 杂志媒体

杂志与报纸同属于阅读性较高的印刷媒体，相对于报纸媒体的广泛发行量，杂志的阅读人群细分更为集中。相对于获得其他媒体的费用而言，购买杂志的费用较高，价格的因素限制了杂志媒体的发行量与覆盖面。同时，也使得购买杂志的读者群具有较高素质。如报纸一样，杂志也是有形的，可供读者们就自己的喜好阅读。杂志还有较高的读者涉入水平，因为读者们既然选定此杂志并已经付费，就意味着他们对此杂志的主题感兴趣，而且还会花时间来认真阅读。

杂志的发行周期一般为周或月，传播速度较慢，广告信息重复的频率较低。但人们阅读杂志的时间比较充裕，可以坐下来静心阅读。在反复阅读时，同一广告就有可能反复出现在读者面前，也加深了广告效果。

图7-4所示的广告用了类比的手法，人物口中含的看着像烟也像真知棒棒糖，广告传达出的信息是：相比于吸烟，还是吃棒棒糖更无害。

图7-5所示的鱼罐头里面的鱼是经过处理的，广告表达的是鱼罐头里面的鱼是熊大厨亲自为您捕捉的鱼，希望能够破除人们对于罐头的一贯认识：认为食物不新鲜不健康。

杂志媒体一般都有固定的内容类型与编辑风格，如财经类、汽车类、旅游类、生活

图7-4 真知棒棒糖平面广告

图7-5 John West鱼罐头平面广告

服务类等。这些使得杂志的阅读人群较为固定,且有一定的细分特质。这些特质能将杂志读者进行较清晰的区隔,为广告主提供明确的选择方向。例如,《服饰与美容》和《米娜》都是女性杂志,但两者的读者群体明显不同。固定而具象的读者群,卓越的印刷品质,较小的覆盖面加上深度的接触,使杂志成为范围较小但却细致深入的媒体。

1. 杂志广告的形式

虽然都属于印刷媒体,但杂志比报纸提供了更宽泛的品牌信息展示方式。以下就是杂志广告的几种具体形式:

(1)折页。将一则广告经双折或多折插入杂志中。

(2)粘贴广告。订在或粘在杂志上但是纸张比杂志用纸厚的广告。

图7-6是粘贴广告,这个粘贴广告由翻开的两页和中间双面印着DHL快递的塑料纸构成。消费者在翻阅的时候,翻过塑料纸一页之后,快递员就带着快递由左边的男性手上转到了右边的女性手上,预示着从日本到中国或者从中国到日本只需要翻开一页就行了。借助原本杂志的阅读方式,将快递的运送过程以翻页的方式表现,在消费者理解DHL快递的迅速的同时,也能进行简单而有意思的互动。

图7-6 DHL快递杂志广告

(3)商业回复卡。明信片大小的卡片,它们通常夹在两页杂志之间(所以阅读杂志时,它们很容易滑落出来),或订入装订线,所以它们既便于阅读又能留在原处,也可与广告粘合在一起。

(4)自动弹启广告。当杂志被打开到广告所在页面时,就会凸现三维效果的广告。

图7-7属于杂志的自动弹起广告,翻开这页杂志,自动弹起的模型就能变成立体的家具模型。广告诉求的是Nhaxinh家具的可折叠性,广告信息可以诠释成又轻又可折叠的家具适合放置在家里的任何角落。

图 7-7　Nhaxinh 家具杂志广告

（5）香带。可供读者们拿出或抽出，散发着某种香味的小条（用于香水、空气清新剂和食品等）。

所有这些都有助于品牌信息吸引受众注意，但同时也会使杂志广告的成本剧增。媒体策划者必须判断，这些增长的成本是否与信息展示及顾客回应的增长相符。

2. 杂志的优势与劣势

杂志有以下优势：①针对性强，具备了受众选定的优势。购买杂志的读者群具有较高素质，并且会仔细、深入阅读杂志相关内容；②杂志广告的纸张质量要比报纸好，在印刷上更精美，而且它以彩色画页为主，能最大限度地发挥图片效果；③特定主题的杂志被视为它们相关领域内的权威。因此，在上面刊登广告的品牌也能从这种专业优势中获得晕轮效应，从而为品牌信息增值。

图 7-8 在 3D 实景影像中，在众多的蓝色房子中用红色标记了目标建筑。广告暗示消

图 7-8　一汽大众平面广告

费者一汽大众配备的 3D GPS 导航仪能够在行驶过程中呈现出广告中的效果。

图 7-9 所示的广告直接从食材来源下手，Toku-chan 韩国烧烤主打牛肉的口感。广告中牛在跑步机上运动，健康的牛才会有最佳口感的牛肉。

图 7-10 所示的广告利用了消费者的恐惧，为消费者展示了车辆行驶过程中很可能会遇到的情境：当你遇到这种下坡弯道的时候，丰田陆地巡洋舰特有的 4 轮驱动完全能够为您避免这种情况的发生。

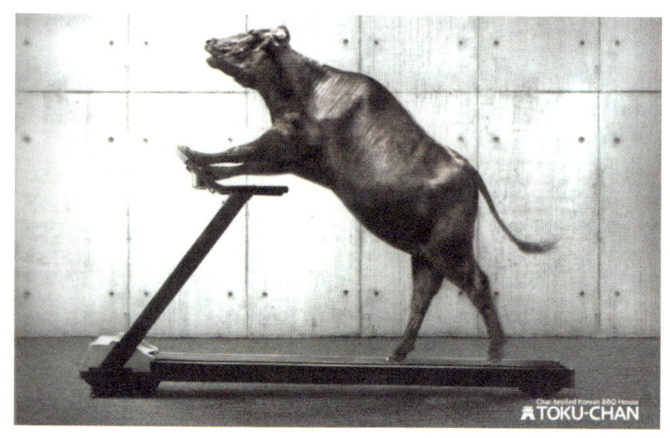 

图 7-9　Toku-chan 韩国烧烤　　　　　　　　　图 7-10　丰田陆地巡洋舰平面广告

从广告商的角度来看，杂志也存在不少缺陷。尽管已经高度定位，但大多数杂志仍只能达到一个品牌目标受众的有限部分。此外，杂志的更新时间持续较长，这意味着存在一个截止日，在此日之前，广告材料必须全部送达出版者。这个日期甚至可能要早于出版前 3 个月，所以，杂志并不能像报纸和其他媒体那样为营销者提供时间上的灵活性。杂志的另一局限在于其发行频率较低，许多杂志要一个月或更长时间才会发行一次。最后，杂志广告的制造成本要高于报纸广告（但仍低于电视广告）。

7.1.3　邮件广告

邮件广告简称 DM，因为是通过邮寄的方式直接寄送或递送给目标消费者，所以又称直邮广告。邮件广告与其他广告媒体最大的差异在于它是直接投递给目标消费群，不像其他媒体投放的广告对象更加分散，所以目标消费者名单的收集整理就很重要。在创意上，邮件广告也应该新颖独特。吸引人的方式很多，趣味性的造型是其中一个比较重要的方面。在设计上，邮件广告也应该具有强烈的视觉冲击力。

邮件广告的特点：

（1）针对性强。广告主通过收集到的消费者名单，开始有针对性地选择对象。这样投放的广告目标明确，也便于对广告进行有效控制。

（2）形式灵活。邮寄广告不受时间和地域的限制，也不受篇幅限制。这就可以较为生动、详尽地介绍与产品相关的内容，引起消费者注意。

（3）直接竞争少。报纸上每天都有大量广告作品同时涌入受众的视线，容易形成干扰。而邮寄广告是直接寄给个人，受众不受其他广告的干扰，这样，广告可以避免与同类产品进行面对面的竞争。

7.2 传统印刷广告媒体设计

7.2.1 报纸广告设计

1. 关注：广告单元因素

（1）报纸广告有两个主要的方面可以调节，即尺寸和颜色。就尺寸而言，以一个版面的广告作为标准，如果将广告扩大成两个版面，即尺寸为标准的 2 倍，它产生的初始关注有可能比标准广告高出 20%，但不会使关注翻倍或者有一个 100% 的增长。

（2）就颜色而言，用黑白版报纸广告作为标准的话，加上任何一种颜色都会提高读者对广告的关注：双色广告（即在黑色和白色以外加一种颜色）使关注提高 50%，而四色广告（全彩色）提高 80%。彩色广告总是比黑白广告具有色彩上的优势，在彩色报纸上也是如此，但这时它的优势不像在一般报纸中那么明显。

（3）可用于报纸广告的调节因素是广告在报纸中的位置。位置包含几个方面的考虑。

1）版面内容与广告受众的契合度。如果把广告放在报纸的体育版或汽车版，那么妇女对它的关注将会下降 50%；如果把它放在时尚版中，男人对它的关注就会下降 40%，大多数报纸中都有以针对女性的时尚新闻和以特写为主的时尚版。

2）小广告周围的内容在关注方面对它有很大的影响。从整体上讲，把较小的广告放在关联的文章附近是最好的。例如，健康版上讲鼻炎防治的文章旁边放置鼻炎药的广告。最后，小广告在整个版面上的位置也会产生差别。版面的底部拥有一种受关注的优势，外侧边缘的位置同样也有受关注的优势。

2. 关注：结构性因素

报纸广告中 4 个主要的结构性因素：图片、大字标题、主体文案和品牌名称或标识。

图 7-11 所体现的主要结构包括图片、主体文案和品牌名称，4 个主要的结构性因素在一则广告中不一定全都出现。广告表现的是书籍的力量能够让狂热的宗教分子变成一个普通人。

图 7-11　gorila.sk 书店平面广告

（1）图片。图片是报纸广告获得关注最重要的结构性因素。读者看报纸广告的时间平均只会持续 0.84s，图片则比其他因素更可能被读者浏览到。尤其是报纸广告，使用图片会吸引读者的注意力。因此，在大多数情况下，报纸广告使用一张大图片或图例是明智的。

在针对低度介入的品牌选择的广告中，图片在劝服方面扮演着重要的角色。对于高度介入的品牌选择来讲，广告的文字部分会变得更加重要。

（2）大字标题。在印刷广告中，大字标题在产生初始关注和促进进一步阅读方面是继图片之后第二重要的结构性因素。大字标题对于低度介入的品牌选择广告来讲，是一个非常关键的因素，对于高度介入的品牌选择广告来讲，它能够吸引读者去阅读文案。

（3）主体文案。在报纸广告中，通常较长的文案比较好。对于目标是低度介入品牌选择的报纸广告来讲，使用长的文案并没有更大的作用——约49字就足够了（这与30s电视广告或广播广告中出现的字数基本相同）。对于目标是高度介入品牌选择的报纸广告来讲，读者会阅读主体文案，使用长的文案最好在50～200字。

对于报纸广告的主体文案的排版，使用能够大幅提高阅读速度的字体。避免使用异形字体或反白字体，因为这样会使读者阅读更加困难。

（4）品牌名称或标识。有调查发现，报纸广告的读者中大约有20%并未注意到品牌名称或标识，因此，品牌名称或标识在广告中应更加突出。如果品牌名称出现在大字标题中，那么它自动地就很突出，并在广告下方重复品牌名称或标识。如果大字标题可以不包含品牌名称，品牌名称或标识应该放在大字标题之下，或主体文案的下面，或旁边某个醒目的位置。

7.2.2 杂志广告设计

1. 关注：广告单元因素

（1）就尺寸而言，以一个版面的消费杂志广告为标准，双倍尺寸（即两个版面）的广告提高了30%的关注。但是，展开为多个版面的广告所获得的关注不会多于双版面广告，除非作为一种特殊插页，这时它们会多获得60%的关注。尺寸标准一半的广告大约会失掉30%的关注。

（2）就颜色而言，全色（四色）广告在消费杂志中已成为标准。它与全色广告相比，黑白广告会失去30%的关注。黑白加上一种颜色（称为双色）的广告介于二者之间，比起四色广告它失去了20%的关注。

（3）广告在杂志中的位置长期以来被消费类广告客户认为是一种主要的广告单元要素。结果证明，只有封页（封面、封二、封三和封底）会提高关注，而封面和封底最多使关注提高30%，封二和封三会提高关注20%。广告在杂志中的位置没有太大的区别。

2. 关注：结构性的因素

（1）图片。不论对于消费者还是商业受众，图片都是杂志广告中最重要的结构性因素。花在一般的杂志广告上的浏览时间仅仅只有1.65s，这个很短的时间中有大部分（70%或1.15s）是花在看图片上，因此就只有大约半秒钟的时间花在浏览标题或标识上。

图7-12是印度班加罗尔警察局所做的"别跟他/她在开车时聊天"平面广告，开车聊天所造成的严重后果直接而夸张地通过血从听筒中喷出的方式表现，画面极具表现力。通过强烈的视觉和心理冲击，让人们对这种习以为常的事情重新认识并纠正。

图7-13所示的广告非常有趣，将麦咖啡的口感和提神效果通过比喻的方式形象地表现出来，突出麦咖啡有能够让您瞬间清醒过来的神奇作用。

图7-14所示的广告采用夸张的手法，说明防晒霜极度防水，就算穿着比基尼畅游都不用担心防晒霜会被水洗掉。

对于杂志广告最简单的规则就是：图片越大，效果越好。在大多数情况下，忽略使用一幅大的图片将大大地降低对广告的关注——而除此之外几乎就没有什么有意义的做法了。如果确实考虑到了"除此之外的情形"，那么应该知道，虽然对信息型品牌选择的劝

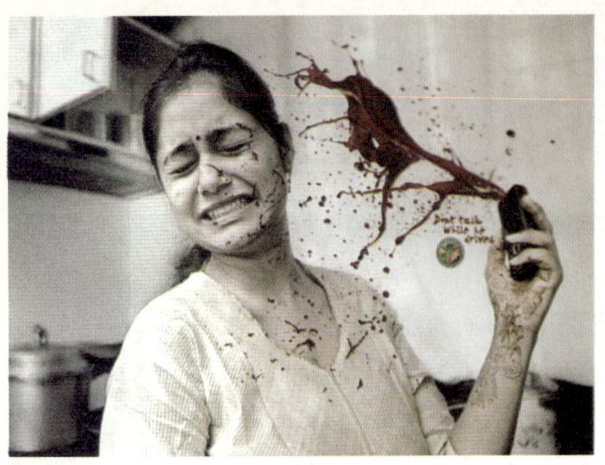

图 7-12　交通安全广告

图 7-13　麦当劳麦咖啡平面广告

图 7-14　夏威夷热带防晒霜平面广告

图 7-15　Dixan 洗涤剂平面广告

服（品牌态度）来讲，一幅大的图片可能几乎没有什么影响，但是对于转变型品牌选择来讲，它却会极大地影响劝服。有一个突出焦点的图片效果往往是最好的。因为读者对杂志广告的初始关注时间非常短，所以一个单一的、突出的焦点是更为有效的。

图 7-15 所示广告用比喻的手法把 Dixan 洗涤剂比作杀掉污渍的鳄鱼，比污渍更厉害，只要使用 Dixan 就能打败污渍。

图 7-16 所示广告中表现的是大人穿着小孩身体的 T 恤，即"大人头，小孩身"，说明每个成人内心都是纯真的小孩，体现品牌的纯真形象。另外，以"纯真"类比矿泉水的水质天然、纯净。

广告图片中产品的图片或人物图片，以及正在使用产品的人物图片，三者所获得的关注相等。不论图片的内容是什么，这个图片都应该至少有下面两个特性中的一个。

● 内在的视觉力量。图像有冲击力，能快速吸引消费者的注意力。

● 其本身具有非常明显的含义。正如在大多数产品或人物的说明中那样，应该避免用抽象的画面。

图 7-17 所示的联邦快递的平面广告中将世界地图作为背景，上下楼邻居之间互相递送联邦快递。广告表明世界的距离对联邦快递来说就像楼上和楼下的距离。广告以消费者

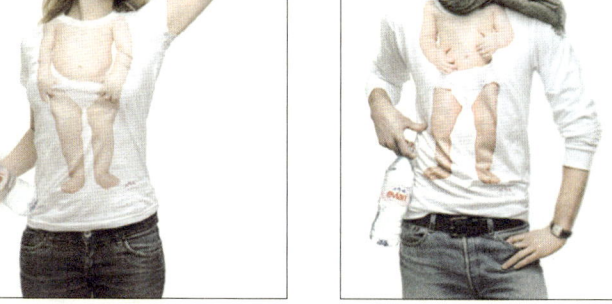

图 7-16　依云矿泉水平面广告

图 7-17　联邦快递平面广告

一眼就能看出来的世界地图来象征世界，画面的视觉中心和人物动作中心都是联邦快递，以通俗易懂的象征进行夸张幽默的表现。图 7-18 所示的 Stimoro 口香糖广告可以有两种理解：第一种是夸张地表现嘴里的口香糖鼓鼓囊囊却一直不肯吐掉；第二种是嚼口香糖嚼得腮帮子都大了却还一直在继续。广告通过夸张的方法放大人物的口腔和腮帮子，消费者一眼就能看到重点。

（2）大字标题。在大多数情况下，大字标题是杂志广告中第二重要的结构性因素。对于低度介入广告来讲，品牌名称或标识是继图片之后的第二个最重要的因素。大字标题应简短——低度介入品牌选择的消费广告的标题应为 1～8 字，而高度介入的品牌选择应该

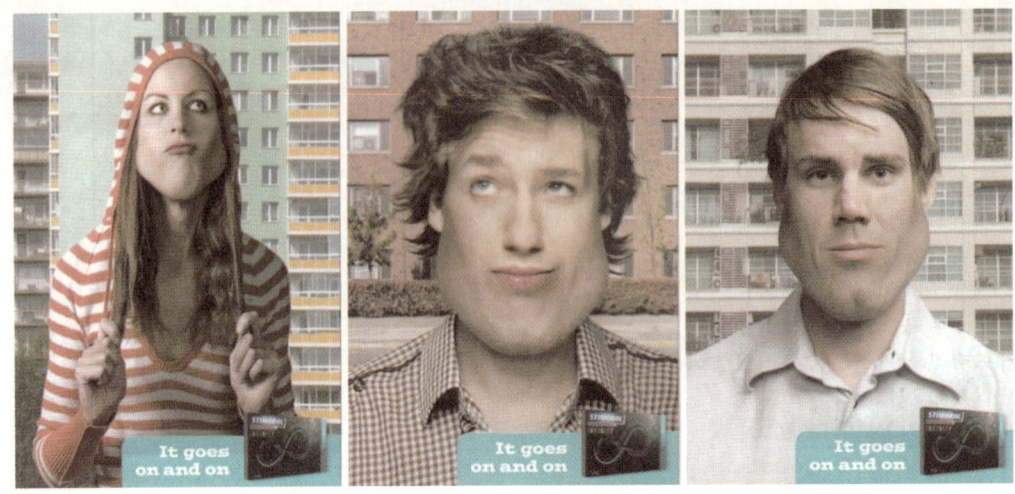

图 7-18 Stimoro 口香糖平面广告

有 1~5 字。同时，大字标题不应超过两行。

图 7-19 中表现的是有色人种的婴儿一出生就注定了以后只能干保姆和建筑工人。通过大字标题"你的皮肤颜色不应该限制你的未来"，直接向人们解读了广告的含义。

图 7-19 非政府反种族歧视组织 Licra 平面广告

如果需要大字标题解读图片含义，那么它应该放在图片的上方，因为画面随之会促进读者解析标题展开的信息。如果该广告图片能将含义直接解读，在图片下方出现大字标题会更好。对于其他所有的有"直接"标题和图片的消费杂志广告，大字标题的位置可以是任何地方，甚至可以放在画面中。

（3）主体文案。在消费杂志广告主体文案的长度方面有一个很明显的二分的情况况存在。正如所料，较短的文案（少于50字）与超过50字甚至更多的文案相比，读者"阅读其大部分内容"的概率要高40%。另外，一旦文案字数已经达到了50字，那么即使把它增加到250字也不会使其阅读概率进一步下降。这一点毫无疑问，反映了为低度介入品牌选择而做的杂志广告和为高度介入品牌选择所做的杂志广告之间的区别：前者应该使用较短文案，而后者则可以使用多达250字的较长文案。对于文案较长的广告，建议在并列段落中列出其效用承诺或者使用小标题来描述和总结这些承诺。

众所周知，青蛙是吃蚊子的，广告中将杀虫剂比作青蛙。广告将杀虫剂的天然和无害用青蛙天然的抓虫的方式来类比，表现方式直观而有趣，如图7-20所示。

图7-21所示的广告展示的是使用佳能照相机所能拍出来的效果，创新点在于选取不同于普通照片和生活中经常能看到的视角。佳能D10主打的功能是能在水下拍照，广告通过特殊视角的选取直观地表现出相机的功能。

图7-20　丽洁时杀虫剂公司广告——《天然》　　　　图7-21　佳能照相机平面广告——《海滩》

（4）品牌名称或标识。低度介入的品牌，其品牌名称应该放在大字标题中，或者放置在看来像大字标题的继续或综合标题的地方。对于高度介入的品牌选择来讲，品牌名称放在哪里并不重要,虽然通常是把它放在主体文案的最后,但如果读者对广告的信息感兴趣,如读者对画面、大字标题或二者皆有兴趣的话,那他(她)仍然会去寻找这个品牌。如图 7-22 所示,大众汽车属于高度介入的品牌,所以品牌名称不一定要放在大字标题中。

图 7-22 大众新途观平面广告

第8章 传统电波媒体广告设计

8.1 传统电波广告媒体概述

广播和电视作为电波媒体具有某些共性。一是电波商业广告的侵入程度高于印刷媒体上的品牌信息。印刷媒体的读者可以选择阅读哪些版面及版面内容，而电波媒体却不能。二是电波媒介信息转瞬即逝，在几秒钟之内影响受众的情绪，与此相反，印刷媒介信息可留存并能重新阅读。

8.1.1 电视媒体概述

在所有媒体之中，电视有着最广泛的覆盖率，且能以高度显著的效果来传播信息。许多大公司，无论是消费品公司还是 B2B 公司，都会将其作为一种重要媒介使用。

图 8-1 所示的广告通过人们生活场景常见的事件来表现人们在饥饿的时候往往变得不

图 8-1　力士架电视广告

像自己，力士架能够瞬间充饥，让人们回复原本的状态。

图 8-2 所示广告选取郑棒棒寻找失主的真实故事来表现信任和承诺，这个故事诠释了支付宝"支付宝，知托付"的宗旨。用户通过支付宝平台付出金钱是对支付宝的信任，广告通过故事向消费者承诺支付宝会像广告主角郑棒棒一样不辜负消费者的托付。

图 8-2 支付宝电视广告——《郑棒棒篇》

电视用作广告媒介，在于它有电影的效果：讲故事，触动情感，引发幻想，有很强的视觉冲击力。电视是有动作的媒介，所以也适合演示产品的工作原理。电视赋予品牌形象以生命，并可强化品牌个性。

1. 电视广告形式

（1）赞助。在节目赞助中，广告主负担节目制作和贴片广告的总费用。赞助之所以会对观众产生强有力的影响，一个重要的原因是广告主不但可以控制广告的位置和长度，还可以在节目中与观众互动。蒙牛酸酸乳赞助湖南卫视的"超级女声"就是一个节目赞助的例子。

图 8-3 所示的金立智能手机赞助的《一战到底》是一档夫妻搭档主持的答题类节目。从 2012 年 3 月 2 日开播以来，收视率目前稳定保持在 1.0 左右。7 月 19 日 CSM32 收视率高达 1.51，排名同时段第一。金立智能手机除了冠名以外，还在节目中进行植入广告：揭晓嘉宾身份标签和奖品这种双重悬念的手机样式的答题模板、节目包装使用大量的金立的 Logo、节目过程中的符合节目特性和情节的主持人语言中植入等。

（2）共享。广告主买下在一个或多个节目中播出 10s、15s、20s、30s 或 60s 广告的时间。广告主可以购买任何可利用的时间。该方法市场覆盖面、目标受众、时间安排及预算方面都拥有极大的灵活性。然而共享不像赞助能产生强大的效果，而且广告主丝毫不能控制节目的内容。

（3）插播广告。在节目的间隙播放的广告，欲在地方投放广告的广告主可向地方会员台购买广告时段。对广告主来说，节目间的广告插播时段并不是最好的广告时段，因为来自竞争者的广告、电视和自己的广告、公益广告等会造成严重的广告拥堵，而且广告插播时段也是观众离开电视机去休息的时间。

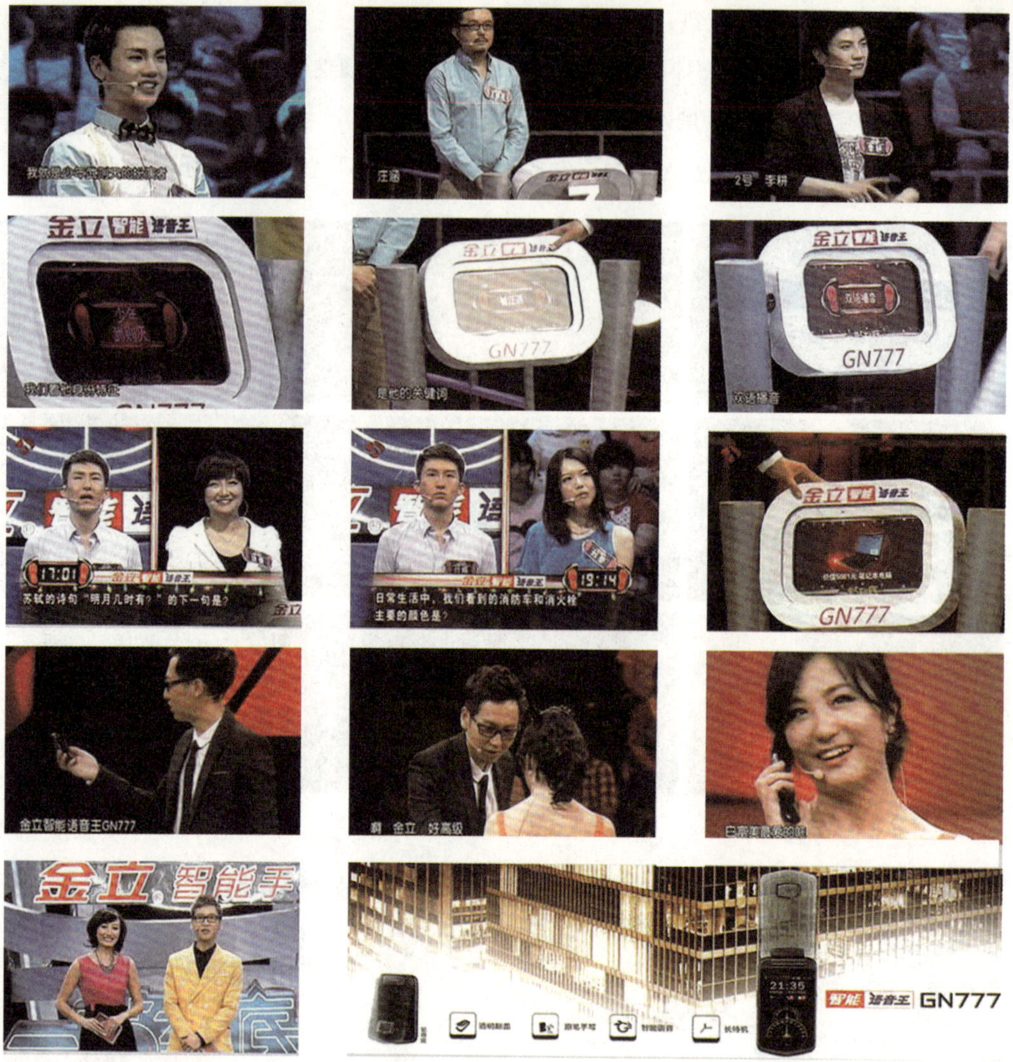

图 8-3　金立智能手机赞助的——《一站到底》

图 8-4 所示广告通过描述男女主人公一天的生活，貌似在说明男女主人公是天生绝配，但实际上通过类比的手法在诠释果真粒的"真实水果+醇香牛奶"的时尚特性。蒙牛果真粒属于快速消费的食品，所以广告节奏轻松、画面清新，内容贴近人们的日常生活。

除了传统广告节目外，使用电视传递品牌信息的另一种方式就是使用购物节目。这是一种长 30min 的商品节目。它将向观众展示一种产品，出示满意用户的用后感想，并且为观众提供一种或者多种可以直接购买这种产品的方法（免费电话、网站地址和邮寄地址等）。信息性商业节目尤其适用于那些复杂繁琐且需要使用演示的产品——从消费者电子产品到锻炼塑身设备不等的任何产品。

2. 电视广告的优势与劣势

电视广告有以下优势：①电视具有高度动态性（其可同步播放声音与影像），冲击力强。视觉、声音、色彩、动作以及戏剧性的综合运用，可引起强烈的情感反应。电视还适合产品演示和产生戏剧性效果。②普及率高。大部分家庭都拥有电视机，并且这些电视机一天要开很长时间。因此，电视可以影响人们思考的各种主题、服饰的时尚、居住的住所、养育孩子的方式等。③成本效益比高。很多广告主把电视看作大众媒介广告信息传播中成本效益比最高的媒介，因为电视的到达范围非常之广。就单价来说，虽然购买电视媒

图 8-4　蒙牛果真粒——《天生绝配》篇

介很昂贵，但是因为其覆盖面大，成本被分摊到众多的受众，所以其成本效益比极高。

图 8-5 所示大象的体型跟各种装载的物品比较起来非常大，但是通过各种方法将大象装载起来。广告通过这种对比的手法增加广告的诙谐趣味，并引起消费者的注意和兴趣。广告透露出 Ford 公司的承诺：只要你能装载，我们就能运送。

图 8-5　Ford 快递公司电视广告

图8-6所示车模的做工极其细致考究,以至于到了以假乱真的程度,于是就出现了广告中的弄假成真的情况。交通警察一本正经地给玩玩具车模的小孩——车主开罚单。广告充满童趣和戏剧性,让人忍俊不禁。

图8-7所示广告通过中国传统的美术形式——水墨画,融合了中国传统文化和绘画的表现力。采用墨汁的渲染效果,变化出来各种具有中国元素的形象:太极、长城、仙鹤、龙……中央电视台作为代表中国的主流声音,同广告片所蕴含的中国的深厚文化一样向全世界展示中国。

图8-6 风火轮玩具车模

图8-7 央视形象广告水墨篇

电视的最大局限,就在于其高昂的制作和播放成本,尤其是对于小品牌而言。电视的另一局限在于其广告拥堵。一个插播于电视节目中的广告时间段可以包含10种或以上的品牌信息,广告的可视性和说服力有所下降。电视的强制性也是一个局限,电视广告嵌入节目之中,打断了观众的正常收视,导致观众的不满情绪很严重,对广告反应冷淡甚至快速逃避广告。

8.1.2 广播媒体概述

广播是一种背景媒介,人们通常会在从事其他活动的时候打开广播。这种背景特性,使品牌信息必须争取脱颖而出以获得并保持听众的注意。广播具有广告媒介的效能，其可以通过不同节目来区别定位受众兴趣。电台有着自身的节目形式和空中个性，能吸引不同的听众，这种偏好弥补了广播"背景"特性的缺陷，并让广播与其忠实听众之间建立了紧密的联系。

广播还提供了影像转换进程。如果某目标受众接受过某品牌的电视广告的视觉、听觉展示，那么当他再次听到类似的音律或广播时，他就会回忆起这则广告信息的视觉画面。这就是说，如果观众曾观看过一则具有强力视觉冲击效果的广告，那么广播可以支持、强化并提醒听众对这则信息的印象。因此，广播经常作为一种支持媒介来销售。因为广播比电视媒介便宜，于是它就成为一种具有成本—效益的构建信息频率的方式，能扩大电视运动的影响和持续长度。

虽然同为电波媒体，广播与电视之间仍存在一些显著差异。①广播只为受众提供了声音。②虽然大多数听众也会选择广播电台，但电台相对电视台和网络而言具有更高的品牌忠诚度。③大多数电视广告都为国际性的，而广播的广告则以本土广告居多。

广播时间通常以10s、30s和60s为单位销售。广播商业节回常用的长度为60s，因为30s的成本与60s的成本并无显著差异，且因广播是一种背景媒介，所以它给了广告商更多机会来获得注意和进行展示。

广播的优势如下：

（1）受众有针对性。广播最重要的优势就是它能通过特定节目到达特定听众。此外，它可以适用于全国不同的地区，可以在每天不同的时间到达听众。

（2）广播制作成本低，播出费用更少。一则广播能在两天之内创造生成，而在一周之内就能安排进入电台节目表进行播放。但是，带有传统制作音乐、特殊音响效果的广告及名人广告，则需要两个月的时间来进行安排与制作。广播的低成本以及对所选目标群体的高到达率，使其成为一个非常好的辅助性媒介。

（3）灵活性。广播为广告主提供了灵活性。在所有的媒介中，广播的截止期限最短：文案可以直到播出前才提交。这种灵活性使广告主依据地方市场情况、当前新闻事件，甚至天气情况做出调整。

广播劣势如下：

（1）缺少视觉。那些必须演示或看着欣赏的产品，不适合做广播广告。

（2）广播是背景媒体。许多人把广播看做愉快的伴音，并不会专心地收听。广播信息转瞬即逝，听众有可能会错过或者忘记广告内容。

8.2 传统电波媒体广告设计

8.2.1 电视媒体广告设计

1. 关注：广告单元因素

（1）广告的长度。对于电视广告的关注一般直接和它的长度有关。如果以30s电视广告作为标准的话，60s的电视广告即标准长度2倍的广告，将提高20%的关注，然而减少一半长度，即 15s 的广告将降低 20% 的关注。90s 或 2min 的较长的电视广告通常只用来引入复杂的新产品、已有产品的完全重新定位的广告或者直接反应电视广告，它们在电视上非常醒目，关注值为标准 30s 广告的 2 倍。目前，15s 的广告在电视广告中应用得非常频繁，主要用于宣传那些已有产品。

图 8-8 所示广告片通过在不同的时间、不同的地点，渣打银行都是秉承一心做好的准则。

背景音乐选用《张三的歌》，广告主角小时候在爸爸的车里也听到过这首歌，而长大以后自己开车再听到这首歌。图 8-9 所示广告传达的内涵是纳智捷作为中国台湾地区的民族品牌见证了上一代父辈的拼搏，现在同样经历着这一代台湾人的努力奋斗。

图 8-8 渣打银行一心做好篇

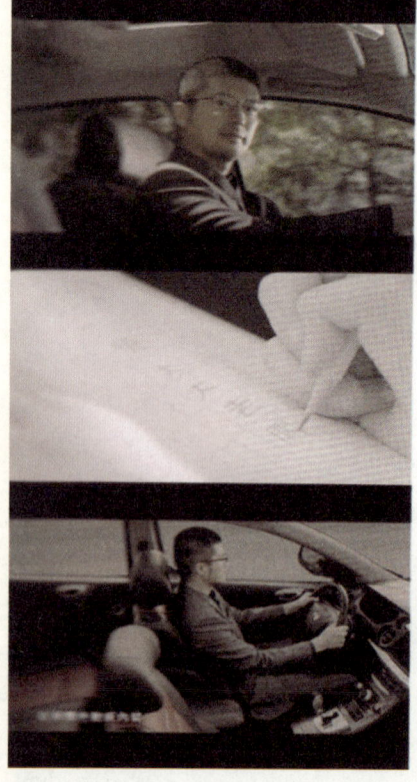

图 8-9 LUXGEN 纳智捷电视广告

（2）其他的媒体内在因素。首先，对电视广告的关注不受电视广告时间段或"停止"期间其他广告数量的影响。其次，电视广告在广告时间段期间的位置就关注而言是不值得调节的。第三，在节目中插播和节目间歇期间插播也没有什么不同。大量的电视广告都是按照一天中的时间（白天）或者是节目安排播放，很少在广告时间段的特定位置上播放。

2. 关注：结构性因素

（1）影像因素和关注。研究表明，一些影像因素会影响观众对于电视广告的关注。通常把这些因素的第一个——影像的组织形式，包含在后面将提出的推荐电视广告使用的原则中。

（2）影像的速度。每个场景平均时长 5～6s。一个场景的持续时间尽量不要少于 3s，应当有各种动态，但不要让观众有镜头跳跃的感觉。

（3）听觉因素和关注。电视广告中的听觉通常包括文字、音乐或者两者兼而有之。很多电视观众都有深刻的印象，那就是电视广告往往用很高的音量以提高观众对广告的关注。其实，电视广告趋于在广告中始终保持在很高的音量水平上或徘徊在这个水平附近。这样，广告似乎声音更大些。同时，现代的音频技术可以按照频率或音调把声音过滤到位于 2～6kHz 的波段内，此时的声音可以获得最好的关注水平。

（4）音乐伴奏。一项研究发现，就引发正确的品牌回忆而言，改编歌词把品牌名称唱进去的效果比把不加改编的歌曲用做电视广告的背景声音而产生的效果好得多。最好的是原创的广告歌曲，能保证品牌回忆的专一性。如果同一背景音乐被用在不同品牌的广告上，会对消费者的回忆产生偏离或混淆。

图 8-10 所示的广告风格清新，主要说一个大明星像普通人一样帮助陌生的女孩搬东西。广告传达出来的是喝全家便利店的咖啡就像每个普通人的平凡生活，全家咖啡的味道其实就是一种平凡的心情。

图 8-11 所示的广告片其实讲的是通过咖啡，一对地下恋情的情侣公开恋情的过程。全家咖啡可以陪伴每一天的平凡生活，咖啡的味道在人们的心里记录了平凡的幸福。

图 8-10 全家便利店咖啡时光——《谢谢你不认识我》篇

图 8-11 全家便利店咖啡时光——《咖啡杯上的唇印》篇

3. 电视广告遵循的创意流程

电视广告应该基于一个很好的创意。有关其创意流程可以归纳如下：

（1）选择影像故事脚本的类型。有8种基本的电视广告影像故事脚本可供选择。事实上，这些脚本的类型主要是由创意决定的。8种故事脚本为直截了当式、主持人式、证言式、演示式、音乐式、生活片式、生活方式式和动画式。

宝洁作为全球最大的日用品消费公司，是伦敦奥运会的全球合作伙伴。在这次奥运会的全球战役中的主题是"为母亲喝彩"。宝洁的品牌形象很难跟奥运会崇尚的拼搏、激励等相联系，所以着眼于奥运选手身后的母亲：在每一个赛场辉煌的奥运选手背后都有一个默默付出的英雄母亲。宝洁这次的电视广告采用的就是生活片式的故事脚本，通过每个消费者都能感受到的母爱或者对孩子的付出击中目标消费者的内心，如图8-12所示。

（2）写下语言脚本。广告的文稿或歌词，以适合影像的脚本。电视广告中的语速大约是1.5字/s。因此，一个30s的广告片在语言脚本中所用的字不得多于45字。语言脚本的长度很容易通过大声朗读脚本进行测试，要考虑到按照影像的结构顺序允许有所停顿。

（3）同时考虑影像和声音的结合。信息型电视广告结构上首先呈现问题，接着进行品牌识别，提供解

图8-12 宝洁伦敦奥运会电视广告

决途径，最后再出现品牌识别。在广告影像中呈现品牌识别进行停顿，如视觉上的停顿包括产品的呈现镜头、在情节上的短暂停顿，更精确地说，就是在效用的影像传输上的短暂停顿。这两次停顿发生在电视观众对产品的兴趣不断上升的时候，以促进观众对品牌认知的了解，并且允许有关问题的信息和解决问题信息的"渗透"。在这些视觉停顿中，第一次切入相应的解说"承诺"，第二次是"加强性话语"。

如图8-13所示，女主角醒来发现衣服不见了，结果发现隔壁的男士从西门子洗衣机中拿出了女主角的衣服。广告以超现实的衣服主动去寻找洗衣机，表达出西门子洗衣不伤衣物的特性。

（4）检查品牌名称或标识应与产品类别相连。品牌的主要效用承诺应清楚地进行展示、说明或者真实地刻画，应去掉任何无关的影像或语言内容，避免分散消费者对主要传播的关注力。

凌仕男士香体喷雾选用全球标志性的男性幻想来表现使用凌仕带给女性的深度诱惑。广告片中呈现的是演示式的故事脚本，因为凌仕吸引好多极美的天使降临，如图8-14所示。广告以夸张的故事来展示品牌产品的主要效用。

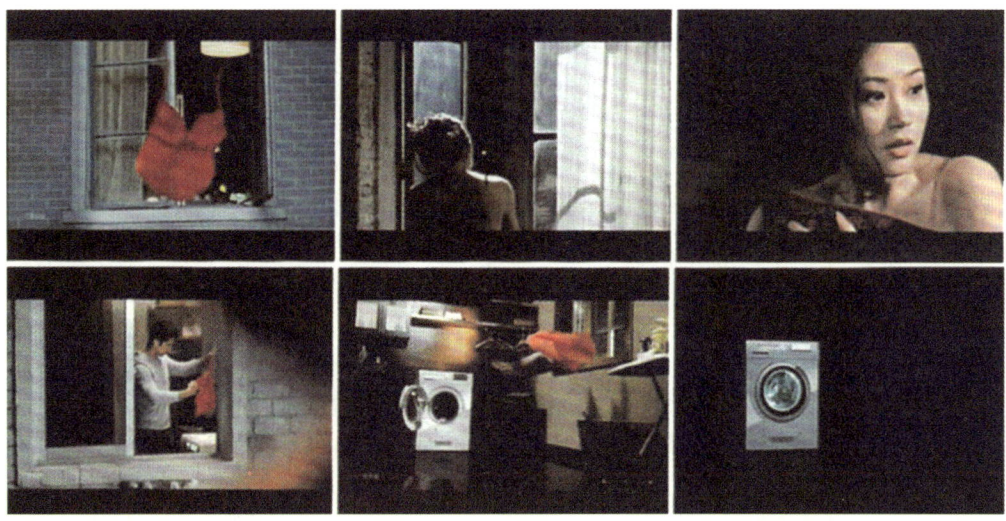

图 8-13 西门子洗衣机电视广告

图 8-14 凌仕男士香体喷雾电视广告

影像本身应能很好地传递信息。要确保仅通过看影像观众就能够很好地理解广告。一是影像传递的内容看上去比声音传递的相同的内容更加直接。二是有许多电视广告如今都是针对多国甚至全球而设计的,影像需要设计得跨越语言的障碍,让观众易于理解。

图 8-15 所示广告中动动手就可以解决一切问题,突出了手机淘宝的便携性,最大限度地表现出"不出手心"的概念。

声音也不能忽视。电视机的特性决定了其经常地被用做一个"背景"媒体,就像广播一样。因此,广告的语言部分当然也要提出品牌的名称及其主要的效用和承诺。

8.2.2 广播媒体广告设计

1. 关注:广告单元因素

总体关注。普通的广播广告大约只能获得 30% 听众的关注(大约是对电视影像关注的一半)。

(1) 广告的长度。广播广告的长度对观众对广告的关注有相当大的影响。拿 30s 广告

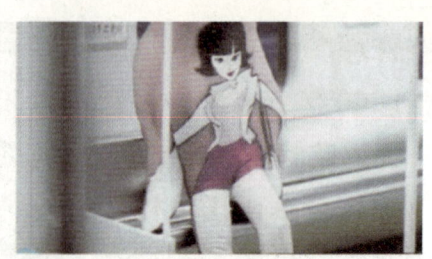

图 8-15　手机淘宝互联网影视广告

的长度作为标准的话,听众对 60s 广告的关注会有 40% 的增长,而对于 10s 广告的关注会降低 30%。例如,当使用 10s 广告时,将需要 3 个 10s 广告的展露才能达到 30s 广告一次展露所能达到的最低有效频率。

(2)听众的性别和年龄。依听众的性别和年龄而异的"口味",通常把广播电台及其节目区别开来,这比电视广告程度深得多。从整体上讲,女士比男士(特别是对于 60s 广告)更为关注,而且未成年人比成年人更为关注。

(3)广播广告的格式。广播广告的格式或类型并不真正只是一个关于广告单元的决策,但是它确实影响听众对广告的最初关注。如果用播音员朗读的广告作为基础,看上去听众最为关注的广播广告格式是"实际生活体验";收音机里传出的"故事"似乎更有可能吸引听众。采访或推荐的格式也能获得更多的关注。

2. 关注:结构性的因素

广播的特性决定它是一种有限的广告媒体。其主要的局限是它不能展示图片,使广播广告不能成为宣传某些产品的媒体,这些产品的品牌认知依靠的是品牌识别。但是,适合播放那些依靠品牌回忆现实品牌认知的产品。广播的第二种局限是相对低的获得关注的能力。广播是一种背景媒体,很多人开着广播却正在做别的事情,比如阅读、开车、吃饭等。

广播广告结构性原则的建议是针对广播广告的开场白、中段和结尾提出的。

(1)开场白抓住听众的注意力。由于听众一般对广播广告的关注较低,所以寻找一个能"抓住"听众的开场白方式是非常重要的。看上去有两种主要的可能性:一是用有吸引力的主题和声音,主题为性、危险、大量的金钱等,绝对有吸引力的声音包括电话铃声、警笛或火警声;二是使用广受目标受众欢迎的音乐风格作为开场白。

(2)应用想象力的转移。广播广告能唤起品牌回忆。如果在广播广告之前有一场电视广告活动,而这个广播广告运用了与电视广告相同或相似的声音录制效果,那么广播广告中的让人产生丰富想象的句子或歌词就会得到进一步加强。这就是想象力转移的一种应用。

(3)使用一句相关的妙语结尾。广播是一种听觉媒体,而在听觉的认知中,其近期影响会十分强烈。因此,广播广告应该使用一句"相关的妙语"结束。

从整体上讲,一个引起听众兴趣的开头、一个极富想象力的中段和一个相关的妙语的结尾,似乎就构成了有效的广播广告一般原则。

第9章　网络媒体广告设计

国际互联网是由各种不同类型和规模的独立运行和管理的计算机网络组成的全球范围的计算机网络，组成 Internet 的计算机网络包括局域网（LAN）、城域网（MAN）及大规模的广域网（WAN）等，实现信息交换和网络资源共享。

国际互联网具有以下特点：①传播功能强大。网络不仅能以文字、图像、声音同时发送信息，而且还可以检索、下载、存储，并进行各种处理。②具有互动性。网络突破了时间和空间的限制，人们能够通过网络进行信息共享和信息交换，网络的互动性有助于实现制造商和消费者之间信息的双向流动，使用户有机会参与企业的营销过程。③虚拟性。人们可以在网上利用方便的沟通软件建立各种虚拟组织，就共同关心的话题或事务进行讨论和交流。④信息传播效率高。通过网络传播信息不仅速度快，而且质量高，既可以同步传输也可以异步传输，大大缩短了信息传播的周期，这是传统的媒体所无法比拟的。⑤传播范围广。网络打破了空间的限制，其触角延伸到世界各地，通过网络可以连接到地球上任何一个地方，改变了传统营销的地域限制，使企业的营销活动变成了全球性的活动。图 9-1 是互联网电影《回到起点》。故事讲述了一个农民如何慢慢将他的家庭农场变成工业化的动物加工厂。然后他发现他的饲养方式是错误的，于是又选择了自然放养。故事想要传达的是 Chiptle 快餐店选用的肉类是在可持续发展的食品系统中得来的。

图 9-2 所示广告展示了奇幻的罗马之旅，在旅途中运用 Google Chrome、Google 地图等各种现代功能，显示的 Google 产品能够带给生活像影片中那样的神奇的便利。

图 9-1　Chiptle 快餐网络视频广告——《回到起点》

图 9-2 Google 互联网影视广告

9.1 网络媒体广告概述

消费者及潜在消费者在接受了广告、公众发行、包装标签甚至公关关系等营销传播信息后，习惯去品牌的网站寻找更多的相关信息。只有将互联网整合入营销传播及媒体组合中，以联系消费者及潜在消费者。互联网成为了品牌信息的扩充器。

如图 9-3 所示，用户可以通过使用各种巴黎欧莱雅的产品，让自己的 QQ 秀变得个性化。这次网络广告活动针对庞大的 QQ 秀用户，强调了各种欧莱雅产品的特性和功能。

在游戏的任务环节通过冠名、植入运动元素、VI 系统等方式植入游戏，由于李宁针对的是目标消费者刚好与游戏的用户类似，所以选择在游戏中植入，如图 9-4 所示。

早期的网上广告只是简单地定位于所有的网络受众。随着技术发展，广告商逐渐可以具体细

图 9-3 巴黎欧莱雅 QQ 秀

图9-4 李宁在《梦幻西游》游戏中的植入广告

分定位的网上广告。网上的目标市场定位策略可以分为3大部分：一是大众化，旗帜广告服务于某个站点或页面主题，如百度引擎的广告商可以将广告放置在百度网站目录中10万多个类别的任一个。二是过滤化，在所有最受欢迎的个人网页广告形式中，广告商可以细化目标市场用户的操作系统或者浏览器软件、上网时段、国家甚至是互联网服务的供应商等定位参数。服务供应商服务器上的选择机制会分析需求，然后再选择那些符合广告具体要求的站点安放广告。三是个性化，下一代系统将会使用神经网络和其他私人学习方法，基于某个特定用户的浏览、互动记录及人口统计特征，来实现个性化的内容和广告选择。

如图9-5所示，2011年的《老男孩》开辟了微电影的新形式，《老男孩》属于《十一度青春》系列电影中的一部，雪弗兰是这一系列电影的出资商。雪弗兰的Logo和车在微电影中以广告植入的形式在影片中出现。这个系列的微电影在网络上以病毒传播的形式以几何级数的速度进行传播，短时间内造成了巨大的影响。这是雪弗兰始料未及的，但是网络的这种特性为广告的传播效果提供了巨大的平台。

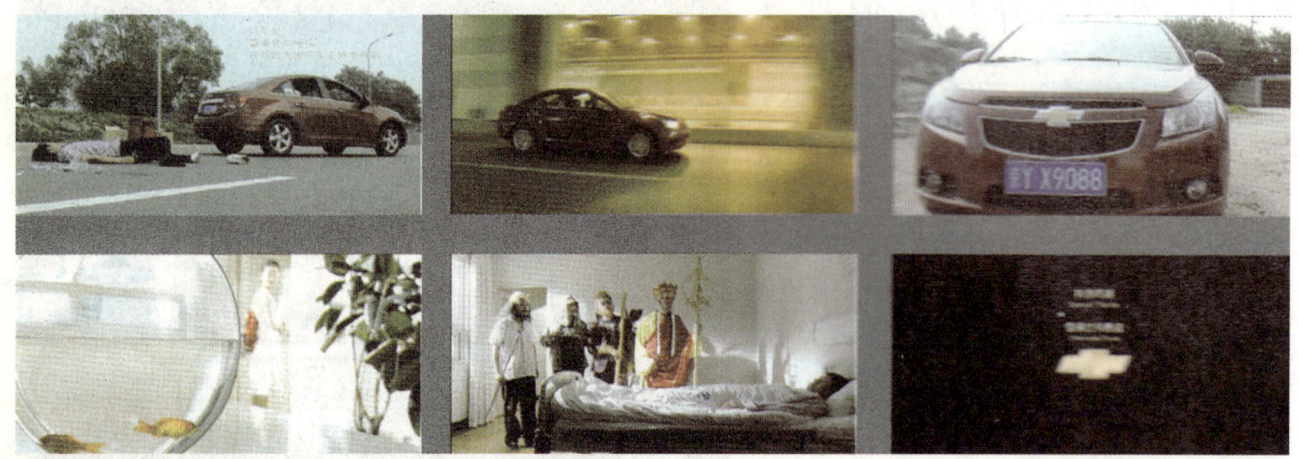

图9-5 《十一度青春》微电影植入广告

网络广告可以分为广告主注册网址建立的企业网站和在各大门户网站上投放的品牌或产品广告。

9.1.1 企业网站

企业网站主要宣传企业及品牌的理念。有的企业网站就像是一个企业的网上宣传小册子，或者具有在线物品价目表的功能。它还可能成为一种信息资源，包括可查询的故事库和关于产品、产品类别和相关主题的数据库。引导消费者或潜在消费者来公司网站最重要的步骤，就是尽可能多地在各大搜索引擎进行注册登记，以便获得更多的访问量和点击率。搜索引擎就是一种使用关键词来检索网站的互联网载体。网站营销者经常使用公共关键词来建构他们的网站，以确保其网站在搜索结果中出现的频率达到最高。

人们可以在网上听到德国都市乐团演奏的一首曲子，也可以选择性地听到某一位音乐家的单独演奏。该广告以高音质和超多音轨体现了飞利浦音响的高性能，如图9-6所示。

图9-6　飞利浦音响系统在线广告

引导消费者和潜在消费者进入网站后，网站设计的互动性、趣味性、创意性，不仅可以吸引访问者，还可以延长访问者的停留时间。随着广告主寻找更加有效的方式来联系受众，一些公司网站变得更加有趣，提供游戏和比赛、名人访谈、甚至演奏会等内容。例如，力士的网站会播放人们在力士广告中听到过的爵士乐和"新奢华"音乐，网站内容包涵其消费者向往的生活方式的相关信息，如对奢华旅馆的描述、最佳农贸市场的地址信息以及高知家庭的真实生活内容等。

图9-7所示的网站仅仅以宝马的4部纪录短片为主，内容牵涉移动设备的未来发展等。在这些纪录短片中，将宝马合理地植入其中。

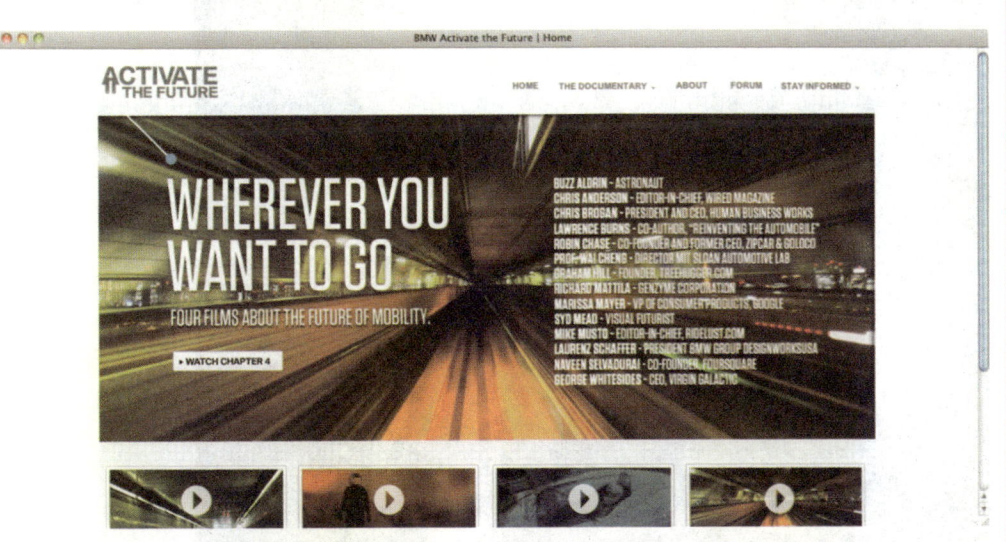

图9-7　宝马的4部纪录短片的网站

网站汇聚对企业产品怀有共同理念的消费者和潜在消费者网站。以网上品牌社区和聊天室的形式提供了品牌——消费者接触点。仿真社区即专注于某项网上活动且成员彼此之间建立了联系的一群人。例如，苹果公司的忠诚用户建立起来的网络社区，吸引了苹果产品的消费者和潜在消费者在上面交流使用信息。以对苹果产品的忠诚为基础而形成了一个仿真社区。一些公司在网站上设置聊天室，以便人们实现彼此间的实时对话。若要传达高质量的网上消费者服务，有3点是必备因素：

（1）精心周到且便于操作的网站信息。简单的站点可以采用常见疑难问题列表，为常见的问题提供答案；更为复杂的网站则会提供目录或搜索引擎，用户可用它们以输入关键词的方式来寻求帮助。

（2）定制的产品和服务。越来越多的公司都在制作网站，可以让消费者自己设计他们想要的产品和服务，比如耐克的在线订购常规制鞋服务。

（3）人际互动。公司应该提供免费热线或电子邮件联系方式，以便网上用户咨询。保证回复的速度和回复的质量会提升消费者使用的满意度，增强对品牌的好感度。

9.1.2　网站投放广告

广告主在其他网站上投放广告需要思考以下方面：①该站点的访问者是否与企业目标消费者相吻合；②网站已经建立并且良性运转了一段时间；③网站内容必须与企业的形象保持一致；④网站为其他企业服务的历史记录表现良好。惠普公司将其网上广告预算的75%用于那些已经产生成果的网站，而25%则留给以前没有使用过却符合其标准条件的站点。这种战略就是保持一个持续进行的进程，以不断地寻找和使用可以产生最佳成果的站点。

《绯闻少女》的受众群主要是有一定的知识、关注时尚的年轻女性。由于电视剧不在国内电视台播映，而搜狐视频购买了播放的版权，所以在国内大多数人只有这一个渠道观看。欧莱雅的这次合作根据电视剧的情节，做出了《绯闻少女的丝袜搭配手册》、《绯闻少女的私家衣橱》等时尚选题，如图9-8所示。

图9-8　欧莱雅与搜狐视频《绯闻少女》的合作

目前观看电视剧的人群中，使用博客的人数已经到达了一定的程度。贵人鸟赞助的优酷剧场类似于把赞助电视台的电视剧剧场搬到网上，如图9-9所示。

图9-9　贵人鸟赞助的优酷剧场

网络社交媒体的兴起，这也是病毒传播的主要阵地。企业可以通过公共主页向网民们传达企业文化、品牌活动等信息，并且可以即时与网民进行互动，如图9-10所示。

图9-10　人人网宝洁的公共主页

1. 网上广告的类型

营销者总是在确保自己与最新的信息传播方式保持同步，但目前而言，最普遍的几种网上广告（除电子邮件外）包括以下形式：

（1）横幅广告。规格为468×60像素或233×30像素的Flash或GIF、JPG形式广告，一般位于页面页眉位置。横幅广告具有广告位置明显、信息丰富、冲击力大的特点，为各广告主网络广告的首选。

（2）按钮广告。规格为 125×125、120×90、120×60、88×31 像素的 Flash 或 GIF、JPG 形式广告，穿插在页面的显要位置。灵活性是其最大特点，适用于品牌、促销等各种营销活动。图 9-11 所示的米其林轮胎、九江银行等就是按钮广告。

图 9-11　智联招聘首页上的按钮广告

（3）弹出广告。一般指在首页位置弹出另一个广告窗口的广告形式。弹出窗口广告具有以下特点：广告页面空间大，这样可以诉求更多的广告信息；可以支持多种基本广告表现形式，并在此基础上发挥广告的最大空间，可以瞬间使访客注意广告内容，并产生联想，使广告传达丰富的信息，如图 9-12 所示。

图 9-12　新浪首页的弹出广告

（4）浮动广告。规格一般为 100×100 像素，上下随视线移动。此类广告不停地在网页上浮动，有的从上向下，有的从左到右，有的甚至随机浮动。这种广告可以连接到该产品的公司网站或网上市场。这种动态飘浮的广告给人的视觉产生一定的影响，它的动态性让人无法忽视它的存在，即便网站浏览者不去点击这个广告，这种广告小页面自身的信息也能起到很好的广告效果。图 9-13 就是电信在搜狐官网所做的浮动广告。

图 9-13 搜狐主页的浮动广告

（5）擎天柱广告。规格一般为 120×400 像素，100×400 像素，位于页面两侧，是利用网站页面左右两侧的竖式广告位置而设计的广告形式。由于此类广告规格较大，不会产生上下段位的广告盲区，广告位置可以强烈冲击访客视觉。广告的独享和排他性，可以降低广告的干扰，也可以更好地传达广告信息，可以进行多方位的广告信息诉求，并容易引起访客的注意。

（6）通栏式广告。规格一般为 778×60 像素，位于首页中部、首页底部。它的特点是横贯整个页面，该广告形象、生动、标识性强，有利于塑造商家品牌形象。图 9-14 就是搜狐视频为银泰百货做的通栏式广告。

图 9-14 通栏式广告

（7）全屏广告。以全屏幕方式显示的页面广告，带有一定的强迫性。充满创意的全屏广告可以吸引用户 100% 的注意力，但是由于用户对此类广告强迫性的排斥心理，因此在成熟网站中较少使用。

（8）插播式广告。在中国互联网络信息中心关于网站流量术语的解释中，将插播式广告定义为"空隙页面"，即"是一个在访问者和网站间内容正常递送之中插入的页面。空隙页面被递送给访问者，但实际上并没有被访问者明确请求过"。插播式广告类似电视广告，同样具有强迫性的特点。

除以上常见网页广告表现形式外,对联广告、撕页广告、导航广告等广告形式也被广泛应用。

2. 网络广告的优势和劣势

网络广告越来越受欢迎的原因:①它可以提供不同于其他媒介的独特优势。它还可以传送业务信息,如通过背后弹出式广告刺激人们对特价销售作出反应;②广告主也可以通过网络定制信息并使信息个性化,借助数据库营销,广告主可以输入消费者重要人口统计和行为变量,使消费者感觉广告就像是专门为自己制作的;③对于企业间广告的广告主而言,网络广告可以提供很好的销售线索或者实际销售。

耐克的篮球攻会类似于耐克的官方活动微博的作用,用户可以使用人人网、新浪微博等进行关注参与互动,如图9-15所示。

图9-15 耐克线上"篮球攻会"

网络广告必须与其他营销传播工具一起,才能发挥其功效。其次,互联网与其他媒介一样存在广告拥堵这一问题。实际上,由于众多广告在同一台电脑屏幕上移动或弹出,因此广告拥堵可能更严重。

9.2 网络媒体广告设计

9.2.1 广告单元因素

对不同呈现方式和不同位置的网页广告进行了研究,结果发现,对动画和彩色广告的注视时间和注视次数明显多于黑白广告,广告位于网页上方和中间的注视时间及注视次数明显多于网页下方。有人对新闻网站网络广告进行了研究,发现网络广告要想更好地吸引用户,需要注意广告内容与周围文章的相关性,网页广告如果投放在与网络广告内容相关文章的周围,效果更好。

在日常阅读过程中,人们通常是从左上角开始,从左到右、从上到下地进行。一项研究发现，文字材料和图形材料呈现位置不同，读者的阅读方式就不同。有研究发现，无论广告内容信息量大小，读者对广告内容的认知效果均受到呈现位置的影响。通常，页面上方的广告注意较多，页面底部的广告则很少被注意。

具体来说，访客对新闻上方与新闻中间的网络广告的注视次数多且注视时间长。对位于新闻下方的网络广告注视次数最少且注视时间最短。一项研究表明，在同一类型的广告中，用户的注视时间与购买行为之间存在较高的相关性，即注视时间越长，购买的可能性就越大。因此，新闻上方和新闻中间的网络广告能达到很好的广告目的。

9.2.2 广告的结构性实施

信息设计的创造性是一则网上广告是否能吸引注意的关键因素。另一种吸引注意的方式就是频率。某些网页广告者每天会制作 850 则新的网上广告，或者一周内制作 6000 则。尽管所有公司制作使用的网上广告的平均数目是 8，但 10 家最大的网站广告商平均有 290 则不同的广告。如此大量的广告，是传统媒体的生产和放置成本所不允许的，但是在网络上，创造多种多样的信息，这却是一项重要且低廉的策略。

有 5 条与网络广告相关的设计建议：①横幅要简单，创造元素（图片和文字）越多，网络广告提升品牌知晓的订能性就越小；②标识的尺寸要最大化，标识越大网络广告就越可能向消费者传送清晰的信息；③网络广告的尺寸要最大化，就像印刷广告一样，尺寸越大影响就越大；④使用要频繁，最佳频率会因产品种类和网络广告设计而异，但总体而言，5 次印象的频率是最有效率的；⑤要包括一张人脸，人脸的出现比起其他设计元素而言会吸引更多的注意。

网络广告的设计与制作可分为广告板、主页和链接 3 个部分。广告板图片大小可以根据客户的喜好设定。静止的广告板使用 JPG 或 JPEG 格式的图像文件；动态广告板使用 GIF 格式图像文件。主页和广告板不同，它具备浏览器的部分功能，如打开、关闭、还原等。其表现方式有两个：一是以文字信息为主要表现形式，配合少量的图片；二是以图为主。在设计主页时要考虑网站的合理性结构，使信息显示得更为丰富多彩。在广告板和主页之间还有链接技术的问题，必须借助所需的 IP 服务完成。

网页版式编排设计。网页版面设计中，应注意文字的编排运用，由于网页属于电脑上显示的信息，电脑屏幕的抖动对视觉的影响很大。因此在网页版面中，文字不能太小或者太细，要适当地增大行距。大段文字可以采用浅色的背景，缓解屏幕与文字的反差。编排网页版面时，首先应注意版面的主次关系，要合理运用变化与统一的编排方式，使版面具有空间感。其次，应充分分析网站的优势，进行版面编排，运用对比与调和、均齐与平衡、节奏与韵律等表现手法进行设计，使所设计的网页在众多网页中脱颖而出。最后，要注意色系的运用，合理地运用版面色系，使版面在视觉上达到和谐统一的效果，才能让浏览者对内容不易混淆，增加了浏览的简洁与方便。网页的色彩包含了网页的底色、文字字色、图片的颜色等，还要配合每个内容及网站主题。在统一版面的同时，还要注意版面色彩的合理性。因此，要注意版面的主题与色系的统一性。

（1）网格。网页版面中，运用网格的划分使版面分布均匀，按照人们对网页的阅读习惯设置网页的网格。一般采用垂直分割，在版面编排的时候可将分割线作一些弱化处理，或者加一些元素，使左右过渡自然、和谐，从而减少版面左右对比强烈而造成的视觉不平衡感。

分栏式网格结构中，文字通常只出现在1～2栏中，每行的字符数相对较少，在电脑上易于浏览。如果每栏都编排文字，会造成整个版面拥挤，既影响视觉美感也不便于阅读。在网页分栏中，可以在其他栏中设置目录、标题、导航及图片信息，使版面形成对比，减少阅读疲劳感。

（2）版面分布。版面分布主要是指版面中各个元素的编排构成。版面分布其实就是文字与图形及色彩在版面中的编排。在网页设计中，版面分布主要表现为标题、导航、正文的分布情况。标题是整个网页设计分布版面的主要内容归纳。一般分布在网页的上半部分。

导航主要分布在网页的顶部与左右两边，起到引导读者阅读的作用。网页设计中，正文一般分布在网页的中间，采用分栏的形式将图片与文字有秩序地编排在版面中。在编排网页版面结构的同时，应注意版面的比例关系与留白。

比例关系主要表现为页面所限定空间的长宽比实体内容与虚拟空间的面积比页面被分割的比例，图文的关系比以及各造型元素内部的比例等。页面讲究空白之美，巧妙地留白有助于更好地烘托主题、渲染气氛、集中视线、加强空间层次，使版面疏密有序、布局清晰。

（3）图形与文字的比例。在文字与图片的编排上，应注意文字与图片的比例关系，其中图片在版面中除了能够将信息具体化地展示以外，还具有调节版面活跃感的特征。在版面中，图片面积的多少决定了版面的活跃程度，针对不同主题的网页，在文字与图形编排上也会有所变化。文字在网页中的编排要求低调、简单、清晰，能够清楚地传达网页信息。每一行文字字数不宜过多，一般不超过30字，以免造成视觉上的疲劳感。在网页中，由于版面具有"动"的特征。通常会将一些重要的文字与图像显示在版面上，其他文字与图像都采用按钮的形式隐藏在版面中，选择按钮进行阅读。因此，在网页版面中，设计师应做好引导读者进行版面阅读的工作，以免信息在传达过程中丢失。一般来说，网页都有一个开始界面，这个界面相当于杂志的封面，吸引读者的注意。一般情况下，开始界面都采用满版型版面，多选用较大图像进行编排，文字信息主要传达该网页的主题，整个版面显得简洁而大方，能够吸引读者进行下一步阅读。图片与文字的编排比例关系不同，给人不一样的视觉效果。这可以根据主题内容的需要合理地调整图片与文字之间的关系，达到视觉传达的目的。

（4）按钮的位置和分布。在网页版面中，按钮是用于链接部分隐藏信息的细节设计点，观者点击按钮后信息将弹出，按钮为版面节约了空间，同时使网页具有动感与视觉上的跳跃感。设计师可以根据版面的需要调整其位置，一般设置在具有隐藏信息的旁边，方便人们在阅读的时候能够清楚地看见按钮，便于进一步阅读信息。网页设计中按钮的形式多样，可以根据版面的需要选择按钮的特征，不同风格的版面按钮的形状与位置不同。

显然，并不是所有的网上广告者都遵循这些规则。某些让访客必须不停点击才能关闭广告的策略只能用可憎来形容。这种理念就是设计一个是够"粘人"的网站，让访问者持续地点击它。网站病毒被创造出来以胁持你屏幕上的光标，直到你点击其来源母站它才会放开你的光标。网络广告的扰人性，导致广告拦截软件的诞生。广告拦截变得普遍，许多广告拦截软件都已经在调制解调器中安装，网络广告必须依据创意来吸引消费者，而不是单纯通过技术的"粘人"来干扰消费者。

第10章　地点媒体广告设计

10.1 地点媒体广告概述

地点媒体包括户外广告牌、运输广告、影院和影碟、影片中的产品安置及航空广告、电子售货亭、电梯广告或盥洗室货摊、自动取款机上的标语展示、缤纷各异的人行道信息和购物目录上的布告等。它们都是在某一地点结合环境，通过创意方式将广告信息传递给目标受众。寻找新地点和新方式传递广告信息，与在广告创意过程中一样，也是一种创意。

一楼的电梯护栏玻璃上有牛奶的贴纸，电梯玻璃壁上有奥利奥的贴纸，广告运用电梯的运行方式再现了奥利奥的沾牛奶的经典吃法，电梯降到一楼的过程就像奥利奥最经典的吃法，如图10-1所示。

图10-1　奥利奥电梯广告

10.1.1 户外广告

户外广告要通过某种印刷品来展示广告信息。根据《中国广告大词典》对"户外广告"的定义：凡是设置在露天、通街要道与公共场所的广告，统称为户外广告，主要包括建筑物、路牌、霓虹灯、旗帜、彩带等广告形式。其广告媒体形式包括从广告牌到热气球等各种形式的广告，如公交车身广告、墙上的海报、电话亭和报摊的广告、出租车招牌、地铁和火车站的站台及飞机场和公共汽车站的广告牌、大型购物中心的广告牌、店内购物招牌、杂货店手推车及购物袋上的广告、公共休息区域的展示品、空中的热气球上印刷的广告等。

在闹市区，通过车身用LED垫包住，然后相机拍出来的环境图片直接在LED垫上显示，将与周围的环境融为一体。这款车是氢动力的概念车，氢作为燃料燃烧会形成水，可以说这车排放的只有水，任何污染和废气都是不存在的，所以广告主打的是"隐形"的概念，如图10-2所示。

1. 形式与特征

现代户外广告主要有招贴和看板。招贴主要是印刷板，看板带有滚动条、闪灯等电子图案。近年来，看板的设计已经不再局限于传统的矩形形状，而是已经扩展到了使展板呈现三维效果的卖点广告。

广告主主要出于两个原因使用广告牌。第一，广告牌能对目标受众起到提示作用，所

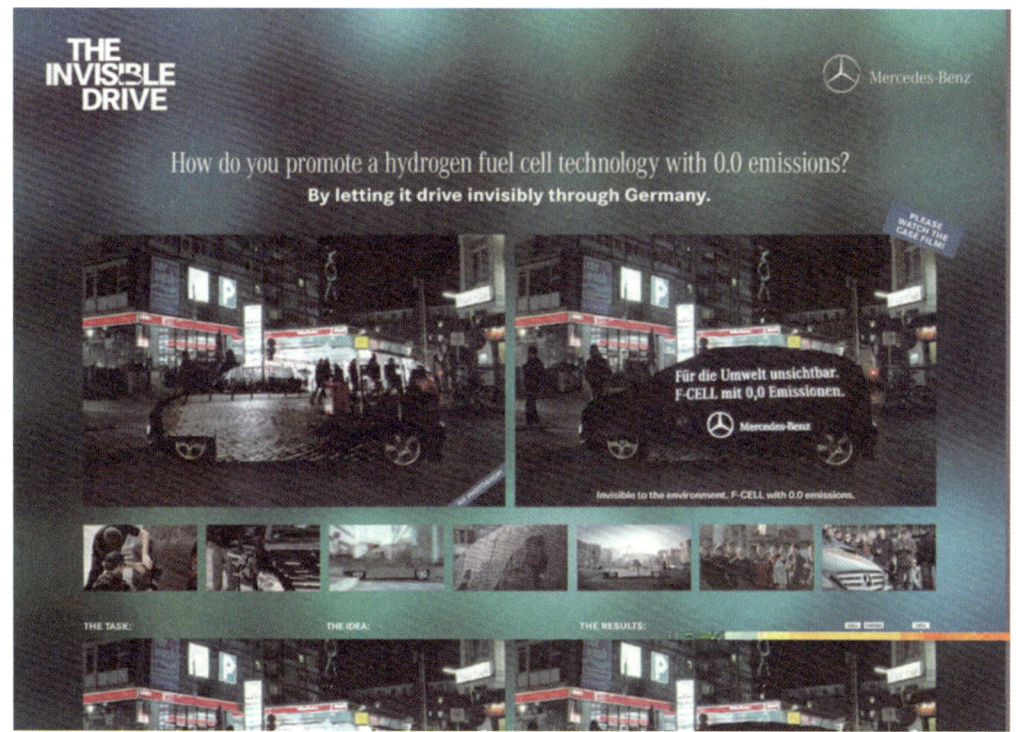

图 10-2　奔驰环境广告

以成为大众媒介战略中的补充形式。第二，广告牌可以在离产品较近的地方充当主要的广告媒介，通常的情况是，广告牌直接以旅馆、餐厅、度假胜地和加油站的旅客为目标对象。

图 10-3 和图 10-4 分别是广告商在地铁和的士站所做的广告。苏宁电器的这次地铁站牌广告主要是结合了线上微博的互动，将户外广告与网络广告结合起来。旁氏的的士站牌广告以印着旁氏 logo 的遮阳板为美女遮阳来展示旁氏为消费者护肤的功效。这些都利用了公共运输空间所处的环境和在这些空间中消费者所处的环境带来的心理感受。比如说路过的士站的消费者经常会处于日晒雨淋的情况，利用消费者在公车站的等车时间来做互动。

图 10-3　苏宁电器地铁广告

广告商一般从公共运输部门购买广告空间。招贴可以张贴于公交车、地铁和出租车之上（或之内）及汽车站、地铁站等。其他可供张贴的地方还有购物中心、零售店、健康俱

图 10-4　旁氏的士站牌广告

乐部、图书馆、社区、学生中心和老年人活动中心。只要是人们通常有时间来阅读信息的地方，就适宜张贴那些传递较为复杂信息的招贴。而非传统招贴通常以粉笔书写于城市的街道和建筑物的侧面。

改变了以往对于户外广告的形式，仅仅出现二维码，人们对这种新型的广告产生兴趣之后用手机扫描二维码之后就会看到各种广告信息，如图 10-5 所示。

一种增强广告招贴吸引力的新尝试就是为它们添设用以传递短小信息的音效和散发与

图 10-5　易买得二维码广告牌

品牌相关气味的喷瓶。举例而言，宝洁就使用过招贴来宣传其新产品——"清新柑橘味"的海飞丝洗发水。招贴上的按钮一旦按下，招贴就会散发出一种新鲜柑橘般的香味。这些招贴的好处在于使信息的涉入程度更高，并能引起一段时间内的口传讨论。但其缺陷就在于其成本高昂，几乎是一个常规招贴的 5 倍。

只要用奔驰的车钥匙就可以打开电子屏幕上的奔驰车。无数的巨型机器人、美女和马戏团鱼贯而出，以此来展示奔驰 VIANO 具有超大的空间。另外，这种互动还可以进行抽奖，获奖者还可以打开汽车管家隐藏的 VIANO，赢得试驾的机会。由于奔驰车的高端定位，营销的目标只是在增加既有消费者的购买频率，所以这种广告覆盖的消费者只是既已拥有的奔驰车的车主，如图 10-6 所示。

图 10-6　奔驰 VIANO 的电子屏幕广告

西门子对西门子防震洗衣机进行展览，将洗衣机中的各种零件单独拿出来，展现零件的精密程度。另外，通过在各种零件上放置易碎的鸡蛋等物件表现各种零件的防震效果，如图 10-7 所示。

Q3 展馆外墙映出了街道、建筑物等影像，与周围的环境融为一体。展馆内的四面墙有显示屏和镜子的功能，展示出新的图像，创造一个独特的高科技空间体验，如图 10-8 所示。

2. 户外广告的优、劣势

户外广告可以获得冲击力强的视觉效果，能让人留下深刻印象。户外广告牌有时用于大型宣传运动，尤其是在新产品上市时，如宝马的"MINI 传奇"。它是一种定向媒介，帮助消费者找到广告主提供服务的地方。它同样是一种品牌提示器，能扩大品牌信息接触面，甚至是扩大信息接触频率，强化其他媒介广告的创意思想。此外，户外广告牌和招牌在所有主要媒介中最便宜，生命周期特别长。户外媒体的另一优势在于它们能吸引某些具有共同特征的人，如机场的商务休息室的人。

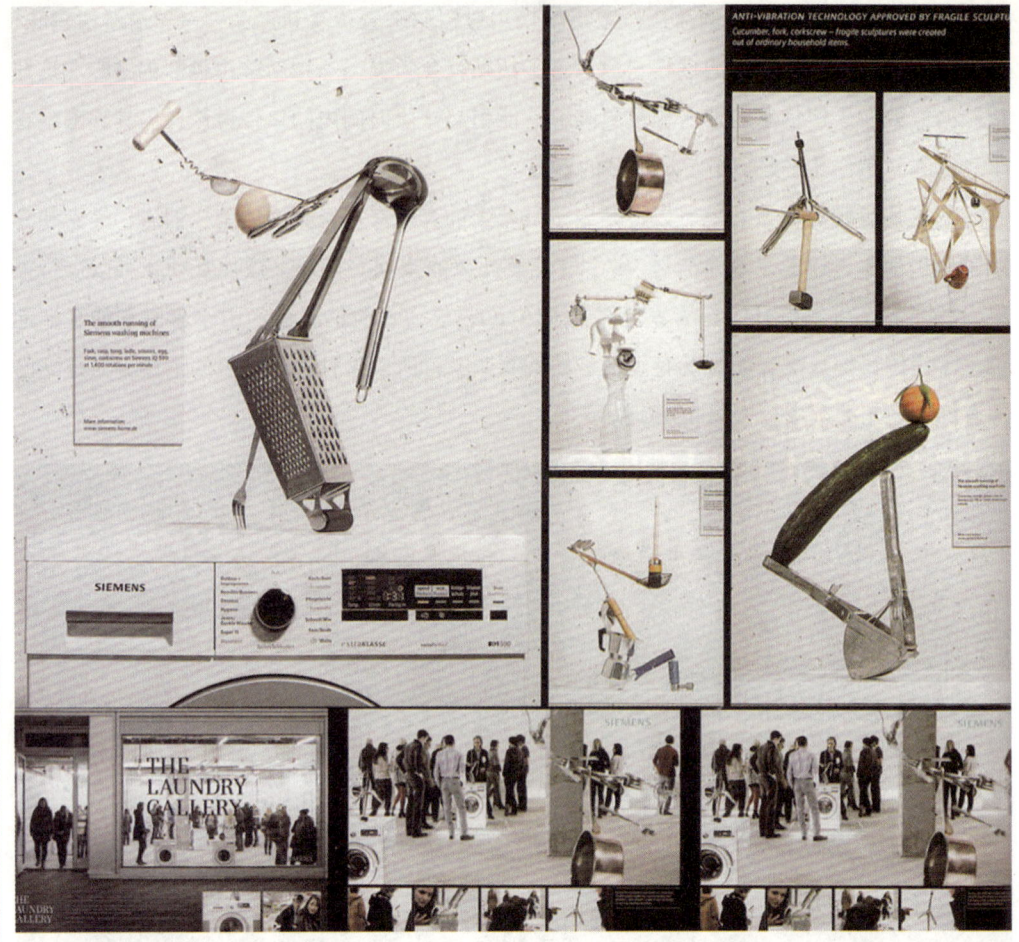

图 10-7 西门子防震洗衣机展览

图 10-8 奥迪 Q3 展览广告

　　每个模型车的车底加上一个强力磁，然后贴在公共场所的电线杆、邮筒、铁栏杆等上面，有兴趣的路人就可以把车拔下把这带走，这个过程可以让路人参与甚至可以造成围观效果，如图 10-9 所示。

　　户外广告牌的劣势如下：首先，人们匆忙从广告牌前走过，对广告信息视而不见。其

图10-9　奥迪模型车广告

次，户外广告牌必须简洁明快且引人入胜，才能从周围的各种视觉刺激中脱颖而出。再次，户外广告局限较大，如果人与广告牌有一定距离或正在移动中，广告信息就很容易被忽视。

10.1.2　非传统媒体

正如媒介先锋贝丝·戈登所说："任何小的可以置放信息的地方都可以是媒介，包括购物袋、封面、火车等"。于是，非传统媒体——购物袋广告、T恤广告、升空气球、人行道彩绘、公共休息处卫生间的大门、巴士和汽车车身广告、可随意使用的咖啡杯坐垫、鼠标垫、自动提款机屏幕、赛车及大街小巷随处可见的滚动广告牌，都在日渐吸引媒体人的注目。

图10-10至图10-12都是利用自动扶梯的特点，结合自身产品和品牌的特性所做的创意广告。Stabilo荧光笔广告中为了突出荧光笔的耐用，随着电梯的开动，荧光笔就像不停地画着电梯边上的黄色安全线一样。

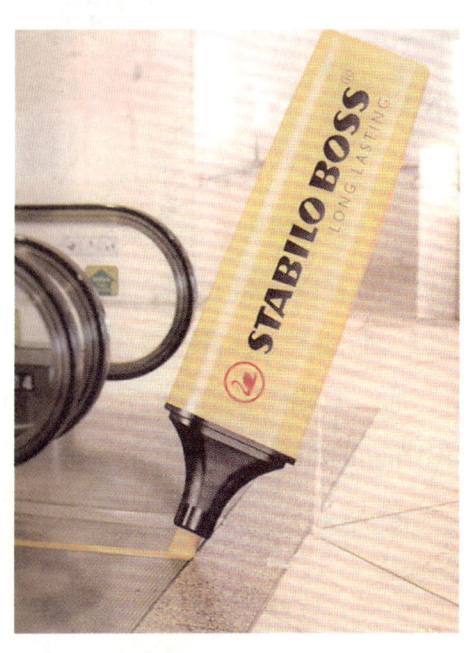

图10-10　Stabilo荧光笔电梯处广告

DHL 快递的电梯广告中，如图 10-11 所示，到处都在堵车，但是影响不了 DHL 的货物投递，因为此时 DHL 的快递车在自动扶梯的扶手上跑的正欢。SushiRoll 的寿司图片贴在扶手上，消费者在乘坐电梯的时候就像在回转寿司的店内，身边有寿司的食物传送带。

图 10-11　DHL 快递电梯处广告　　　　　　图 10-12　SushiRoll 寿司店电梯处广告

非传统媒体还经常用于游击营销。游击营销是致力于突破有限预算的非常规营销传播方式，其思路是使用创造性的方法到达居民居住、工作和路过的地方，以达到个性化接触并产生深刻的影响。以富有创意的方式，成为消费者口中的谈资，让消费者通过与他人聊天时传播信息。例如，凌仕效应的街头交互式体验广告。凌仕在上海引入最新 AR 虚拟实境技术，让路人使用凌仕，然后对面的屏幕中，在他身边出现为他疯迷的美女，然后路人就可以与美女进行互动了，如图 10-13 所示。这种不断给你提醒的理念，目的就在于通过创造惊奇来扩大影响，富有创造性的信息传递方式有着被谈论的价值。

图 10-13　凌仕效应街头互动体验

用打孔机在墙面、门等地方打出一些信息，人们看着很费劲。广告想要表达的是当你看到这些短信的时候，你的车可能已经撞上墙、树或者门了，所以开车的时候读短信非常危险，所以 FIATLINEA 的语音阅读可以解决这个问题，如图 10-14 所示。

在公共场所，用巨型的自行车锁将 Smart 锁起来，突出 Smart 车型的小。如此有冲突的结合往往会引起人们驻足观看，如图 10-15 所示。

非传统媒体可以用于特定细化的目标市场计划，成为主流媒体的补充。使用非传统媒体的重点在于如何运用，特别是如何将它战略性地纳入整体媒体组合计划，而不仅仅考虑到其

图10-14 FIATLINEA

图10-15 奔驰Smart

独特性。非传统媒体存在以下局限：缺乏受众测量，设备失灵；高生产成本和高运作成本。

10.2 地点媒体广告设计

10.2.1 广告单元因素

英国的研究人员就400个广告以"街头拦截"的方法对行人进行了访问。他们发现，一般的户外或海报广告可以获得这些流动人群中40%的人的关注。然而，考虑到这项研究只访问了流动人口，估计这些人中有20%不是常规上班或购物的人（因而不能正常地注意到这些广告），所以全部人口对户外和海报广告的关注有可能是32%。

充分利用地铁内的环境，用垒起的亚马逊货物箱作为地铁内的广告，造成亚马逊仓库的感觉，给予路人不一样的体验，如图10-16所示。

图10-16 亚马逊地铁广告

鸡蛋贩卖机就跟别的自动贩卖机一样，但是里面是一只只活着的母鸡模型。通过现场体验，当生灵被当作机器来看待，广告向人们传达了尊重动物的信息，如图 10-17 所示。

图 10-17 动物保护组织的《鸡蛋贩卖机》

户外媒体的环境性对户外广告的表现效果和表现空间有重要影响。户外媒体既是城市环境的一部分，同时又以周围环境为背景。周围环境直接决定了户外广告的传播效果，同时环境因素也丰富了户外广告的表现手段。在具体创意时，户外广告既要与环境保持必要的和谐，又要形成必要的反差。在图 10-18 中，利用老旧的住宅楼的现有的 50 年的逃生梯，与广告中的夏季水上嘉年华相结合。在形状上的和谐与反差，在色彩上的蓝、黄互补色的对比。

影响读者对户外和海报广告关注的最主要的因素是：它们周边广告的多少。多数户外广告位于交通要道，如购物中心、火车站、飞机场等的行人多的地方的，在众多户外广告相邻的环境下，广告相互间干扰程度大。这时，尺寸较大的户外广告能够更加吸引人的注意力。如果这个户外广

图 10-18 Carnival Cruiselines 嘉年华邮轮住宅楼广告

告或海报是其所在地的唯一广告,那么无论它的大小怎样,它都能获得更高的关注度。

影响读者对户外和海报广告关注的其他因素是颜色和动态性。大多数的户外和海报广告趋向于使用四色。如果户外广告加入动态性,即使只是隔几秒钟切换成另一张平面广告,也能更吸引人的注意力。

10.2.2　广告的结构性实施

从结构上讲,户外广告和海报广告就像印刷广告一样。结构性的因素有图片、标题、主体文案和品牌名称或标识。户外广告和海报广告最重要的区别在于广告是"移动的"还是"固定的"(图10-19、图10-20)。

图10-19　大众汽车户外广告
广告中间的空位正好可以停下一辆汽车,而周围的物品严丝合缝地摆在一起,突出大众汽车的停车辅助系统的精确性

图10-20　Honest Tea诚实户外活动
Honest Tea在路边摆货架,然后旁边放置钱箱。消费者可以随便拿饮料,也可以自己把钱放到钱箱里面

对于移动的户外广告或海报广告而言，不论是受众迅速地看到它（如坐在行驶在高速公路上的汽车里或者坐在火车上的人就是这样），还是广告迅速地掠过受众的视线（如公共汽车周身的广告就是这样），此时广告展露的时间非常短，并且受众的反应也类似于对杂志广告非常迅速的一瞥——大约是1.6s。因此，移动的户外广告和海报广告只能传递低度介入的品牌选择信息。需要广告主在瞬间把整个销售信息传达出来，因此户外广告是对创造力的真正考验。

图 10-21 和图 10-22 所示的两个户外广告中的图形、色彩非常简单，Bang & Olufsen 音响广告使用灰白和黑色两种颜色，简易的喇叭图形和声波点，声波点如剧院中的座椅排列，表示 Bang & Olufsen 耳机能给予剧场般的音效。可口可乐使用高饱和度的红白两色，图形为两只手传递可口可乐的瓶子。

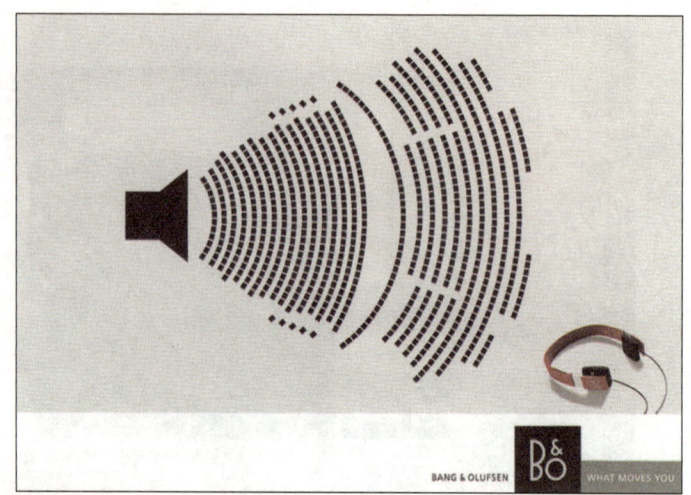

图 10-21　Bang & Olufsen 耳机广告

图 10-22　可口可乐广告

广告信息必须简单清楚，保持图像文字的简洁。图片使用大的，易解读的；标题简洁明了，标题字数不要超过 8 个字，如果可以的话，越少越好；主体文案必须简短，是标题的一部分，或者是标题的延续，让文字又大又清楚，必须得让读者在短时间内读懂文本；品牌或公司的名称突出醒目，如果标题中没有公司或品牌的名称，那么就要在广告中使用一个大得足以引起人们注意的商标。考虑使用广告活动的主题或沿用标题。这样的话，你的户外广告也能提醒看广告的人相关活动的其他部分。

Becel 推出了降低胆固醇成分的涂抹酱，提出了保护心脏的宗旨。户外广告同样遵循这种健康理念，呼吁人们少乘电梯，如图 10-23 所示。

图 10-23　Becel 户外广告

电梯门上印着两只掰开门的手，电梯门打开就出现了超人的标志性 Logo 的海报。利用电梯的开门，乘坐电梯的消费者不知不觉中与《超人》进行了互动，如图 10-24 所示。

图 10-24　《超人》宣传海报

对于固定的户外广告或海报广告，情形就完全不同了。在这些广告展露给受众时，它们相对于受众而言是固定的，如火车站或公共汽车站的广告以及在火车和公共汽车车厢内的广告。广告对受众可能有一个较长的展露时间。并且，实际上，人们可能会盯着看这些广告，以此作为在公共场合保持独处的一种方法。因此，针对固定的户外广告或海报广告，可以遵循对高度介入性品牌选择的长文案的报纸广告所提出的建议。同户外广告一样，简短的信息效果最好。和户外广告不同的是，受众会在广告信息上花费更多的时间。也正是由于这个原因，很多车载广告边上会有一些供人"请随意拿取"的卡片，或其他相关资料。

随着自动扶梯的运行，每一阶楼梯就是一个发型，说明美发沙龙可以随心所欲为您换发型，如图 10-25 所示。

图10-25 Juice Salon 美发沙龙电梯广告

参考文献

[1] 陈培爱，覃胜南.广告媒体教程［M］.北京：北京大学出版社，2005.

[2] 杰克·西瑟斯，罗杰·巴隆.广告媒体策划［M］.6版.阎佳，邓瑞锁，译.北京：人民大学出版社，2006.

[3] 赵劲松.广告媒介实务——广告媒体研究策划与购买指南［M］.北京：世界知识出版社，2001.

[4] 陈俊良.传播媒体策略［M］.北京：北京大学出版社，2010.

[5] 纪华强.广告媒体策划［M］.上海：复旦大学出版社，2004.

[6] 张晓东.广告媒体运筹［M］.长沙：中南大学出版社，2006.

[7] 崔银河.广告媒体研究［M］.北京：中国传媒大学出版社，2008.

[8] 李明.广告媒体策划［M］.南京：南京大学出版社，2009.

[9] 吴予敏，李新立.广告媒体分析教程［M］.长沙：中南大学出版社，2011.

[10] 夏琼.广告媒体［M］.武汉：武汉大学出版社，2002.

[11] 高萍.广告媒介——寻求快递广告讯息的最佳通道［M］.长沙：中南大学出版社，2005.

[12] 迈克尔·R.所罗门，卢泰宏，杨晓燕.消费者行为学［M］.北京：中国人民大学出版社，2009.

[13] 原博.广告创意［M］.合肥：安徽美术出版社，2006.

[14] 吕一林，李蕾.现代市场营销学［M］.北京：清华大学出版社，2007.

[15] 马春辉.广告媒体分析教程［M］.长沙：中南大学出版社，2011.

[16] 张继康.广告经济学实用教程［M］.上海：上海远东出版社，1998.

[17] 甘忠泽.现代广告案例——理论与评析［M］.上海：复旦大学出版社，1998.

[18] 丁长有.广告传播学［M］.北京：中国建筑工业出版社，1997.

[19] 吉曼·萨可.广告媒介事务［M］.赵轻松，译.北京：世界知识出版社，2001.

[20] 倪宁.广告学教程［M］.北京：中国人民大学出版社，2001.

[21] 李东进.现代广告——原理与探索［M］.北京：企业管理出版社，2000.

[22] 郭庆光.传播学教程［M］.北京：中国人民大学出版社，1999.

[23] 严学军，王涛.广告策划与管理［M］.北京：高等教育出版社，2001.

[24] 饶德江.广告策划［M］.武汉：武汉大学出版社，1996.

[25] 邵培仁.媒介管理学［M］.北京：高等教育出版社，2002.

[26] 曹鹏.中国媒介前沿［M］.北京：新华出版社，2003.

[27] 繁志育.世界广告史话［M］.北京：中国友谊出版公司，1998.

[28] 星亮.广告学概论［M］.上海：上海古籍出版社，2003.

[29] 李永健，展江.新闻与大众传媒通论［M］.北京：中国人民大学出版社，2003.

［30］周鸿铎．传媒产业经营与管理［M］．北京：经济管理出版社，2003．
［31］董天策．传播学导论［M］．四川：四川大学出版社，2000．
［32］陈月明．文化广告学［M］．北京：国际文化出版公司，2002．
［33］任中林．中国广告实务大全［M］．北京：科学技术文献出版社，1992．
［34］王忠诚．广告媒体应用［M］．北京：中国财政经济出版社，1998．
［35］张金海．广告经营学［M］．武汉：武汉大学出版社，1996．
［36］刘永炬，陈相君．媒体组合［M］．北京：企业管理出版社，1999．
［37］崔晓林．现代广告理论与实务［M］．青岛：青岛出版社，2001．
［38］余阳明，陈先红．广告策划创意学［M］．上海：复旦大学出版社，2003．
［39］江涛．广告管理［M］．武汉：武汉大学出版社，2003．
［40］傅贤治．企业广告策略学［M］．上海：上海科学技术文献出版社，1995．
［41］马绝尘．商业广告与促销促进［M］．北京：企业管理出版社，2000．
［42］支庭荣．媒介管理［M］．广州：暨南大学出版社，2000．
［43］卢泰宏，李世宁．广告创意［M］．广州：广东旅游出版社，2000．
［44］苗宇．公司广告媒体和广告代理［M］．昆明：云南大学出版社，2001．
［45］袁军．新闻媒介通论［M］．北京：北京广播学院出版社，2000．
［46］陈培爱．中外广告史——站在当代视角的全面回顾［M］．北京：中国物价出版社，1997．
［47］吴文虎．新闻事业经营管理［M］．北京：高等教育出版社，1999．

图片主要来源

［1］广告档案．香港：广告档案编辑部，2011（6）．
［2］中国广告协会．现代广告．北京：现代广告编辑部，2012（9）．